"我是小小集邮家"丛书

# 认识邮票中的民俗与节日 1

谢宇 主编

花山文艺出版社

河北·石家庄

图书在版编目（CIP）数据

认识邮票中的民俗与节日.1/ 谢宇主编. -- 石家
庄：花山文艺出版社，2013.6（2022.3重印）
（我是小小集邮家丛书）
ISBN 978-7-5511-1132-4

Ⅰ. ①认… Ⅱ. ①谢… Ⅲ. ①邮票－中国－图集②节
日－风俗习惯－中国－青年读物 Ⅳ. ①
G894.1②K892.1-49

中国版本图书馆CIP数据核字(2013)第129593号


丛 书 名："我是小小集邮家"丛书
书　　名：认识邮票中的民俗与节日 1
主　　编：谢　宇
责任编辑：师　佳
封面设计：慧敏书装
美术编辑：胡彤亮
出版发行：花山文艺出版社（邮政编码：050061）
　　　　　（河北省石家庄市友谊北大街 330号）
销售热线：0311-88643221
传　　真：0311-88643234
印　　刷：北京一鑫印务有限责任公司
经　　销：新华书店
开　　本：880×1230　1/16
印　　张：9.5
字　　数：160千字
版　　次：2013年7月第1版
　　　　　2022年3月第2次印刷
书　　号：ISBN 978-7-5511-1132-4
定　　价：38.00元

# "我是小小集邮家"丛书

## 分册书名

1.认识邮票中的建筑艺术

2.认识邮票中的军事故事

3.认识邮票中的体育竞技

4.认识邮票中的文学与生肖故事

5.认识邮票中的植物世界

6.认识邮票中的动物世界

7.认识邮票中的名胜古迹（1、2）

8.认识邮票中的社会建设成就（1、2）

9.认识邮票中的艺术世界（1、2）

10.认识邮票中的民俗与节日（1、2、3）

11.认识邮票中的古今人物（1、2、3）

# 编 委 会

# 前 言

　　新中国的邮票从1949年开始发行，基本都以建筑、自然风光、动植物为图案，其种类主要有普通邮票、纪念邮票、特种邮票等。纪念邮票是从1949年10月8日开始发行，新中国的纪念邮票多以重大的政治事件、庆典和节日为内容，对一些革命人物、文化名人以及重要的国际活动也发行过纪念邮票；特种邮票的题材非常广泛，包括了经济、社会建设、文化艺术、珍禽异兽、奇花异草、山水风光等。

　　"我是小小集邮家"丛书收录了从中华人民共和国成立到2010年，新中国所发行的各类邮票品种，以全新的分类方式，全方位展现给广大读者朋友，并依照邮票的志号（及时间先后）顺序，系统介绍了从1949年到2010年我国发行的每套邮票的时代背景、每一枚邮票的图案内容及主题和所涉及的相关知识、对邮票图案艺术设计特点的研究和鉴赏等。内容分为：风景名胜类、建筑类、人物类、动物类、植物类、艺术类、文学类、体育类、军事类等。全书对各类邮票采用简短、浅显易懂的文字进行介绍，通过图文混排的形式把它们全方位、多角度地展现在读者面前，使读者更加深刻地了解中国邮票艺术的发展历程、时代特征及收藏价值。

　　丛书在邮票发行背景的介绍中，力求真实、客观，以历史的本来面目记述事件与人物的真相。同样，邮票图案的设计也不是随心所欲的，它要与立题密切配合，相互依衬、相互烘托。因此，丛书在邮票图案内容的介绍中，既突出主题，又兼顾相关，使介绍的对象生动、跃然。全书语言生动，文笔优美，图片清晰，具有较高的趣味性和较强的可读性，是广大集邮爱好者学习集邮、鉴赏邮票必读的普及性读物。

　　本丛书在编写过程中，得到了国内许多集邮爱好者的关心和支持（由于人员太多，请恕我们不能一一列举），特别是天津科技翻译出版公司各级领导和各位老师的悉心指导和帮助，在本丛书即将付印之际，特向相关人员表示诚挚的谢意。需要特别声明的是：本丛书只是丛书编委会人员就新中国邮票这一领域的首次大胆尝试，真心希望本丛书能够起到抛砖引玉的作用，希望在这一领域能够不断涌现出更多、更好、更能适合读者阅读的好图书。

　　另外，由于编写人员知识水平有限及编写时间仓促，尽管我们尽最大努力想把每一部分内容都能够做得更完美，但还是由于各方面的原因，仍有不尽如人意之处。在这里我们热诚希望广大读者朋友就书中的错谬之处大胆批评指正。读者交流邮箱：228424497@qq.com。

丛书编委会<br>2013年3月

# 目　录

# 庆祝中国人民政治协商会议
# 第一届全体会议

发行日期：1949.10.8；1955.1.10

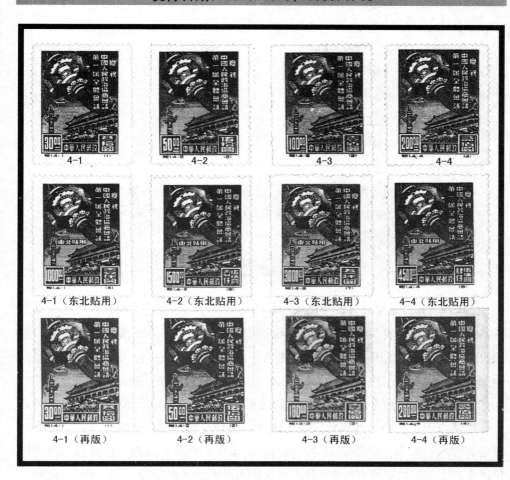

4-1     4-2     4-3     4-4

4-1（东北贴用）   4-2（东北贴用）   4-3（东北贴用）   4-4（东北贴用）

4-1（再版）   4-2（再版）   4-3（再版）   4-4（再版）

（纪1）

认识邮票中的民俗与节日

1

4-1 （1）天安门　　30圆①　　　84万枚

4-2 （2）天安门　　50圆　　　　119万枚

4-3 （3）天安门　　100圆　　　149万枚

4-4 （4）天安门　　200圆　　　36万枚

东北贴用（东北币）

4-1 （5）天安门　　1000圆　　　24万枚

4-2 （6）天安门　　1500圆　　　22.5万枚

4-3 （7）天安门　　3000圆　　　17.5万枚

4-4 （8）天安门　　4500圆　　　18万枚

邮票规格：21 mm × 29 mm

齿孔度数：12.5度

整张枚数：100枚

版　　别：胶版

设计者：张仃、钟灵

版图绘制：孙传哲

印刷厂：上海商务印书馆（原版）、上海市印刷一厂（再版）

全套面值：380圆；10000圆（东北币）

## 知识百花园

　　1949年9月21日至30日，中国人民政治协商会议第一届全体会议在北平（今北京）举行。各界代表共662人出席，包括中国共产党、中国国民党革命委员会、中国民主同盟、民主建国会、无党派民主人士、中国民主促进会、中国农工民主党、中国人民救国会、三民主义同志联合会、中国国民党民主促进会、中国致公党、九三学社、台湾民主自治同盟、中国新民主主义青年团等14个单位的党派代表142人，中华全国总工会、各解放区农民团体、中华全国民主妇女联合会、中华全国民主青年联合总会、中华全国学生联合会、全国工商界、国内少数民族、国外华侨民主人士、宗教界民主人士等16个单位的人民团体代表206人，9个单位的区域代表102人，6个单位的军队代表60人，还有候补代表77人，特邀代表75人，大家欢聚

注：①本书中建国初期邮票的面额圆均为旧币制，10000圆相当于1元。

一堂，共商建国大事。9月30日的最后一次全体会议，代行全国人民代表大会职权，选举了56人组成中央人民政府委员会，成立了中华人民共和国，毛泽东为中央人民政府主席，朱德、刘少奇、宋庆龄、李济深、张澜、高岗为副主席。会议决定：中华人民共和国定都北平，北平从即日起改名北京；国旗为五星红旗；《义勇军进行曲》为代国歌；纪年采用世纪公元；并为永远纪念在人民解放战争和人民革命中牺牲的人民英雄，在北京天安门广场建立人民英雄纪念碑，同日，毛泽东亲笔题词并撰写了碑文。会议还选举了由181名委员组成的第一届中国人民政治协商会议全国委员会。

为了庆祝中国人民政治协商会议第一届全体会议的胜利召开，我国华北邮政总局以"中华人民邮政"名义，发行了这套邮票，这是中华人民共和国成立后发行的第一套纪念邮票。由于中华人民共和国成立之初，东北地区流通的币值尚未用人民币收兑，因此，另发行同图东北币值邮票，并于1955年1月10日再版。全套4枚邮票图案相同，均为天安门前人流如潮，热烈欢庆；天安门上宫灯高悬，迎风飘舞，灯面上那枚硕大的人民政协会徽分外醒目，充分表现出会议的庄严，拉开了中华人民共和国辉煌灿烂的序幕。

# 中国人民政治协商会议纪念

发行日期：1950.2.1；1955.1.10

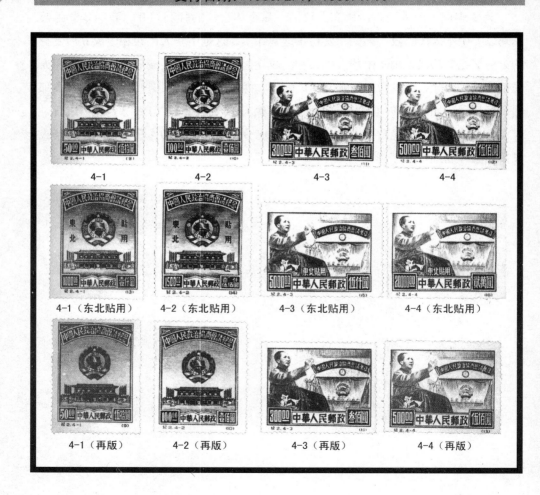

4-1　　　　　4-2　　　　　4-3　　　　　4-4

4-1（东北贴用）　4-2（东北贴用）　4-3（东北贴用）　4-4（东北贴用）

4-1（再版）　4-2（再版）　4-3（再版）　4-4（再版）

4-1　（9）北京新华门及政协会徽　　50圆　　80万枚

4-2　（10）北京新华门及政协会徽　　100圆　　80万枚

4-3　（11）毛主席像及政协会场　　300圆　　60万枚

4-4　（12）毛主席像及政协会场　　500圆　　40万枚

东北贴用（东北币）

4-1　（13）北京新华门及政协会徽　　1000圆　　10万枚

4-2　（14）北京新华门及政协会徽　　1500圆　　10万枚

4-3　（15）毛主席像及政协会场　　5000圆　　20万枚

4-4　（16）毛主席像及政协会场　　20000圆　　10万枚

邮票规格：（4-1、4-2）23.5 mm × 30 mm；（4-3、4-4）31 mm × 24 mm

齿孔度数：14度

整张枚数：50枚

版　　别：雕刻版

设计者：张仃、钟灵

雕刻者：贾炳昆、高品璋、贾志谦、孙鸿年、刘国桐

印刷厂：大东书局上海印刷厂（9）、（10）、（13）、（14），北京中国人民印刷厂（11）、（12）、（15）、（16）（原版）；北京人民印刷厂（再版）

全套面值：950圆；27500圆（东北币）

## 知识百花园

1949年9月21日至30日，中国人民政治协商会议第一届全体会议在北平（今北京）召开。大会选举产生了中央人民政府，确定了中华人民共和国的首都、国旗、国歌和纪年（国徽待审定），制定了共同纲领，它向全世界庄严宣告：中华人民共和国成立了！中国人民站起来了！这次会议标志着一次伟大的历史性巨变，正发生在世界的东方。纪1和纪2两套邮票记录了中华人民共和国诞生这一震惊全球的伟大历史事件。邮票的选题设计工作早在1949年夏季便已开始，邮票发行部门请当时正在中南海参加人民政协会议和开国大典美术布局的张仃和钟灵两位同志设计。邮票画面上的天安门、中南海新华门、政协会议会场以及高悬的政协会徽等形象在中华人民共和国最初的纪念邮票上的出现具有深远意义。

# 世界工联亚洲澳洲工会会议纪念

发行日期：1949.11.16

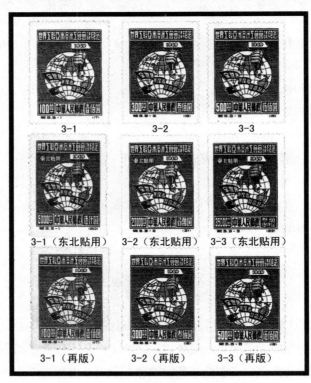

3-1    3-2    3-3

3-1（东北贴用）  3-2（东北贴用）  3-3（东北贴用）

3-1（再版）  3-2（再版）  3-3（再版）

（纪3）

3-1 （17）地球东半部和手持铁锤　　　100圆　　　150万枚

3-2 （18）地球东半部和手持铁锤　　　300圆　　　100万枚

3-3 （19）地球东半部和手持铁锤　　　500圆　　　50万枚

东北贴用（东北币）

3-1 （20）地球东半部和手持铁锤　　5000圆　　70万枚

3-2 （21）地球东半部和手持铁锤　　20000圆　　25万枚

3-3 （22）地球东半部和手持铁锤　　35000圆　　25万枚

邮票规格：22 mm × 30.5 mm

齿孔度数：12.5度

整张枚数：100枚

版　别：胶版

设计者：曹必慧、王润丰

版图绘制：孙传哲

印刷厂：上海商务印书馆（原版）、上海市印刷一厂（再版）

全套面值：900圆；60000圆（东北币）

## 知识百花园

世界工联为世界工会联合会的简称，它是一个进步的国际工人阶级的群众性组织。1945年2月，在苏联工会的倡议下，45个国家的工会组织集会于英国伦敦，决定成立世界性的工会组织。

1949年11月16日至12月1日，在世界工联执行局领导下的亚洲澳洲工会会议在中国首都北京召开。参加会议的有：中国、苏联、朝鲜、蒙古、日本、印度、越南、缅甸、锡兰（现称斯里兰卡）、巴基斯坦、泰国、印度尼西亚、菲律宾、马来亚、塞浦路斯、伊朗、黎巴嫩、叙利亚、澳大利亚和新西兰等国家的工会代表。会议确定了亚、澳各国工人阶级斗争的方向，通过了建立世界工联亚澳联络局等决议，充分表达了亚澳两洲工人为实现世界工联的宗旨，完成世界工联的主要任务而努力奋斗的决心。

为祝贺这次会议在刚刚诞生的中华人民共和国召开，华北邮政总局发行了这套纪念邮票。当时的全总副主席、亚澳工会会议筹备处负责人刘宁一，责成会议秘书处王润丰处长负责，王润丰同《工人日报》的曹必慧密切合作，完成了此图稿。全套邮票3枚图案相同，均为宇宙间一颗硕大的地球，上绘亚洲、澳洲的版图，其中一只紧握上书"1949"字样铁锤的大手，从中国首都北京的位置上伸出。

# 中华人民共和国开国纪念

发行日期：1950.7.1；1955.1.10

4-1　　　　　　4-2　　　　　　4-3　　　　　　4-4

4-1（东北贴用）　4-2（东北贴用）　4-3（东北贴用）　4-4（东北贴用）

4-1（再版）　　4-2（再版）　　4-3（再版）　　4-4（再版）

（纪4）

| 4-1 | （23） | 开国典礼阅兵式 | 800圆 | 160万枚 |
|---|---|---|---|---|
| 4-2 | （24） | 开国典礼阅兵式 | 1000圆 | 80万枚 |
| 4-3 | （25） | 开国典礼阅兵式 | 2000圆 | 80万枚 |
| 4-4 | （26） | 开国典礼阅兵式 | 3000圆 | 80万枚 |

东北贴用（东北币）

| 4-1 | （27） | 开国典礼阅兵式 | 5000圆 | 40万枚 |
|---|---|---|---|---|
| 4-2 | （28） | 开国典礼阅兵式 | 10000圆 | 20万枚 |
| 4-3 | （29） | 开国典礼阅兵式 | 20000圆 | 20万枚 |
| 4-4 | （30） | 开国典礼阅兵式 | 30000圆 | 20万枚 |

邮票规格：30 mm × 53 mm

齿孔度数：原版14度、再版12.5度

整张枚数：50枚

版　　别：胶版

设计者：张仃、钟灵

版图绘制：孙传哲

印刷厂：大东书局上海印刷厂（原版）、上海市印刷一厂（再版）

全套面值：6800圆；65000圆（东北币）

## 知识百花园

1949年10月1日，中华人民共和国宣告成立，标志着中国新民主主义革命的基本结束，一个崭新的社会主义新时代已经开始。该套邮票迟至1950年建党纪念日才问世。全套4枚邮票，图案相同。庄严的五星红旗第一次在中国邮票上出现。毛泽东主席，宏伟的天安门以及接受检阅的人民解放军的坦克、飞机，都形象地记录了中华人民共和国开国盛典的这一伟大的历史时刻。亦发行了东北贴用套票，并于1955年1月10日再版。

# 中华人民共和国开国一周年纪念

发行日期：1950.10.1；1955.1.10

5-1　　5-2　　5-3　　5-4　　5-5

5-1（再版）　5-2（再版）　5-3（再版）　5-4（再版）　5-5（再版）

5-1（东北贴用）　5-2（东北贴用）　5-3（东北贴用）　5-4（东北贴用）　5-5（东北贴用）

5-1（东北贴用）再版　5-2（东北贴用）再版　5-3（东北贴用）再版　5-4（东北贴用）再版　5-5（东北贴用）再版

（纪6）

5-1 （37）中华人民共和国国旗　　　　100圆　　　　100万枚

5-2 （38）中华人民共和国国旗　　　　400圆　　　　120万枚

5-3 （39）中华人民共和国国旗　　　　800圆　　　　250万枚

5-4 （40）中华人民共和国国旗　　　　1000圆　　　50万枚

5-5 （41）中华人民共和国国旗　　　　2000圆　　　50万枚

再版

5-1 （37r）中华人民共和国国旗　　　100圆

5-2 （38r）中华人民共和国国旗　　　400圆

5-3 （39r）中华人民共和国国旗　　　800圆

5-4 （40r）中华人民共和国国旗　　　1000圆

5-5 （41r）中华人民共和国国旗　　　2000圆

东北贴用（东北币）

5-1 （42）中华人民共和国国旗　　　　1000圆　　　25万枚

5-2 （43）中华人民共和国国旗　　　　2500圆　　　25万枚

5-3 （44）中华人民共和国国旗　　　　5000圆　　　80万枚

5-4 （45）中华人民共和国国旗　　　　10000圆　　25万枚

5-5 （46）中华人民共和国国旗　　　　20000圆　　25万枚

东北贴用（东北币）再版

5-1 （42r）中华人民共和国国旗　　　1000圆

5-2 （43r）中华人民共和国国旗　　　2500圆

5-3 （44r）中华人民共和国国旗　　　5000圆

5-4 （45r）中华人民共和国国旗　　　10000圆

5-5 （46r）中华人民共和国国旗　　　20000圆

邮票规格：（5-1、5-2、5-4、5-5）26.5 mm×32 mm；（3-3）38 mm×45 mm

齿孔度数：14度

整张枚数：（5-1、5-2、5-4、5-5）50枚、（3-3）20枚

版　　别：胶雕版

设计者：孙传哲

雕刻者：刘国桐、林文艺、李曼曾、沈彤

印刷厂：北京中国人民印刷厂（原版）、 北京人民印刷厂（再版）

全套面值：4300圆；38500圆（东北币）

### 知识百花园

为了展示中华人民共和国开国一年来所取得的辉煌成就，邮电部发行了这套纪念邮票，并于1955年1月10日发行了再版票。全套5枚，图案相同，均为一面五星红旗迎风飘扬，这面中华人民共和国的国旗，正代表了年轻共和国的朝气蓬勃、顽强的生命力和无限的希望。

# 第一届全国邮政会议纪念

发行日期：1950.11.1；1955.1.10

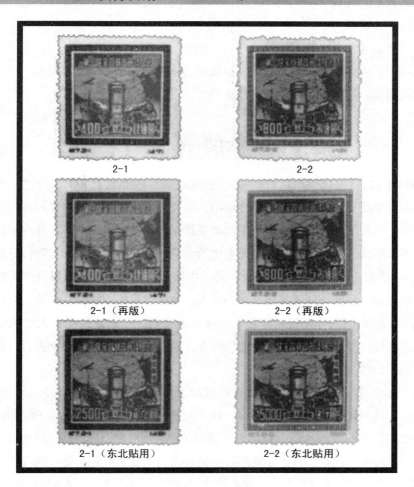

2-1

2-2

2-1（再版）

2-2（再版）

2-1（东北贴用）

2-2（东北贴用）

（纪7）

2-1 （47）邮筒、交通工具及地图　　400圆　　105万枚

2-2 （48）邮筒、交通工具及地图　　800圆　　237.5万枚

东北贴用（东北币）

2-1 （49）邮筒、交通工具及地图　　2500圆　　40万枚

2-2 （50）邮筒、交通工具及地图　　5000圆　　80万枚

邮票规格：29 mm×29 mm

齿孔度数：14度、12.5度（再版）

整张枚数：50枚

版　　别：胶版

设计者：孙传哲

印刷厂：大东书局上海印刷厂（原版）、上海市印刷一厂（再版）

全套面值：1200圆；7500圆（东北币）

## 知识百花园

　　1949年12月10日至28日，第一届全国邮政会议在北京召开。会议进一步明确了中国人民邮政工作的总方针，邮政机构、邮政资费、各项规章制度和有关业务进一步得到完善和统一。会议规定了中国邮票统一由邮电部组织发行，并对邮政部门提出了逐步实现经营企业化和管理民主化的要求。会议决定从1950年7月1日发行的"纪4"邮票始，改"中华人民邮政"为"中国人民邮政"，并以绿色作为我国邮政的专用色彩。从此，我国邮递人员的制服、邮袋、信箱、邮筒、邮旗、自行车、邮政汽车、邮局门面等都使用绿色，并多用黄色标注"邮政"或"人民邮政"字样。标志明显，极易识别，为邮政通信收寄、运输、投递工作的顺利进行，提供了极为有利的条件。

　　第一届全国邮政会议为人民邮政的发展奠定了基础，为沟通人民之间的联系和了解，沟通国家之间的和平和友谊，做了大量的准备工作。因此，为纪念这次盛会，邮电部发行了这套邮票。2幅画面，图案相同，均以密布邮路网线的中国版图为背景，以自行车、汽车、火车、轮船、飞机等通信工具为衬托，集中描绘了一个硕大邮筒的形象，表现了首次全国邮政会议通信的主题。1955年1月10日发行再版票。

# 中苏友好同盟互助条约
# 签订纪念

发行日期：1950.12.1；1955.1.10

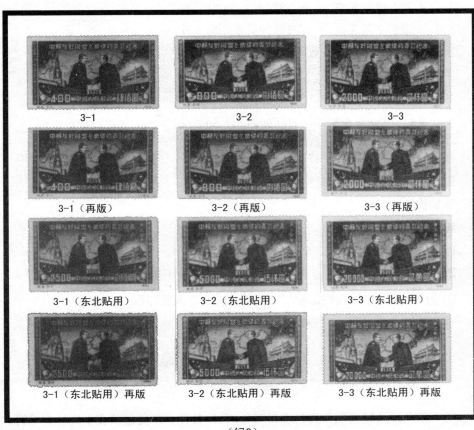

3-1　　　　　　　　3-2　　　　　　　　3-3

3-1（再版）　　　　3-2（再版）　　　　3-3（再版）

3-1（东北贴用）　　3-2（东北贴用）　　3-3（东北贴用）

3-1（东北贴用）再版　3-2（东北贴用）再版　3-3（东北贴用）再版

（纪8）

| | | | |
|---|---|---|---|
| 3-1 | （51）中苏友谊 | 400圆 | 100万枚 |
| 3-2 | （52）中苏友谊 | 800圆 | 250万枚 |
| 3-3 | （53）中苏友谊 | 2000圆 | 70万枚 |

再版

| | | |
|---|---|---|
| 3-1 | （51r）中苏友谊 | 400圆 |
| 3-2 | （52r）中苏友谊 | 800圆 |
| 3-3 | （53r）中苏友谊 | 2000圆 |

东北贴用（东北币）

| | | | |
|---|---|---|---|
| 3-1 | （54）中苏友谊 | 2500圆 | 50万枚 |
| 3-2 | （55）中苏友谊 | 5000圆 | 80万枚 |
| 3-3 | （56）中苏友谊 | 20000圆 | 50万枚 |

东北贴用（东北币）再版

| | | | |
|---|---|---|---|
| 3-1 | （54r）中苏友谊 | 2500圆 | 50万枚 |
| 3-2 | （55r）中苏友谊 | 5000圆 | 80万枚 |
| 3-3 | （56r）中苏友谊 | 20000圆 | 50万枚 |

邮票规格：50.5 mm × 28 mm

齿孔度数：14度

整张枚数：50枚

版　别：雕刻版

设计者：孙传哲

雕刻者：刘国桐

印刷厂：北京中国人民印刷厂（原版）、北京人民印刷厂（再版）

全套面值：3200圆；27500圆（东北币）

知识百花园

《中苏友好同盟互助条约》于1950年2月14日在苏联莫斯科克里姆林宫签订。周恩来和维辛斯基分别代表两国签字。签字仪式上，斯大林和毛泽东站在一起。签字仪式后，斯大林举行招待宴会。2月17日，毛泽东、周恩来率代表团离开莫斯科回国。这次访问过程中所签订的《中苏友好同盟互助条约》，同年4月11日由双方政府批准生效，有效期30年。条约共6条，主要内容是：缔约国双方保证共同尽力采取一切必要的措施，制止日本或与日本相勾结的任何国家的重新侵略与对和平的破坏；缔约国任何一方，一旦受到日本或与日本同盟的国家的侵袭，并处于战争状态时，缔约国另一方则应尽其全力给予军事及其他援助；缔约国双方根据和平与普遍安全的利益，对有关中苏两国共同利益的一切重大国际问题，均将进行彼此协商；缔约国双方均不缔结反对对方的任何同盟，不参加反对对方的任何集团及任何行动和措施；缔约双方遵照平等互利，互相尊重国家主权与领土完整，互不干涉内政的原则，发展和巩固两国间的经济与文化互助合作关系。

《中苏友好同盟互助条约》的签订，对于巩固中苏两国人民之间的友好关系，保障中苏两国的安全，促进两国的经济发展，维护当时远东和世界和平事业以及共同反对帝国主义的斗争，曾经起过重要的积极作用。为此，邮电部发行了这套纪念邮票。并于1955年1月10日再版。3幅画面，图案相同，均采用我国著名画家王式廓（1911-1973）所创作的一幅油画进行设计。画面上，以中苏两国版图和北京天安门、莫斯科克里姆林宫为背景，集中描绘了毛泽东和斯大林亲切握手的场面，表达了两党两国人民的紧密团结与合作，以及两国领导人率领自己国家的人民奋勇前进的意志和决心。

# 中国共产党卅周年纪念

发行日期：1951.7.1；1955.1.10

3-1　　　　　　3-2　　　　　　3-3

3-1（再版）　　3-2（再版）　　3-3（再版）

（纪9）

3-1 （57）毛主席浮雕像　　　400圆　　　　250万枚

3-2 （58）毛主席浮雕像　　　500圆　　　　150万枚

3-3 （59）毛主席浮雕像　　　800圆　　　　600万枚

再版

3-1 （57r）毛主席浮雕像　　　400圆

3-2 （58r）毛主席浮雕像　　　500圆

3-3 （59r）毛主席浮雕像　　　800圆

邮票规格：24 mm×42.5 mm

齿孔度数：14度

整张枚数：60枚

版　别：雕刻版

设计者：孙传哲

雕刻者：吴锦棠

印刷厂：北京中国人民印刷厂（原版）、北京人民印刷厂（再版）

全套面值：1700圆

## 知识百花园

　　1951年，中国共产党已经走过了30年的光辉历程。中国革命取得了全面胜利，建立了工人阶级领导的以工农联盟为基础的中华人民共和国。从这时起，中国开始走上了社会主义道路，在建党30周年之际，邮电部发行了这套纪念邮票。并于1955年1月10日再版。3幅画面，图案相同，均以毛主席像为主图。这是一幅毛泽东同志侧面头像的浮雕作品，为我国著名雕塑家张松鹤所创作。邮票画面左下角有橄榄枝叶和镰刀铁锤，以示对党的生日的祝贺。

# 国际保卫儿童会议

发行日期：1952.4.12

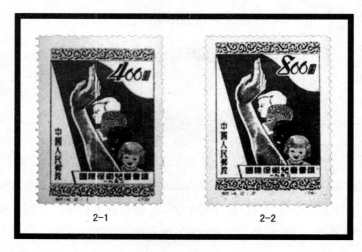

2-1                                        2-2

（纪14）

2-1　（73）旗、母亲的手和各族儿童　　　400圆　　　400万枚

2-2　（74）旗、母亲的手和各族儿童　　　800圆　　　1600万枚

邮票规格：22 mm×33 mm

齿孔度数：12.5度

整张枚数：90枚

版　　别：胶版

设计者：孙传哲

印刷厂：上海华东税务局印刷厂

全套面值：1200圆

1951年举行的国际民主妇女联合会第四届会议，通过了召开国际保卫儿童大会的决定，随后组成了大会筹备委员会。1952年4月12日至16日，国际保卫儿童会议在奥地利的维也纳举行，参加大会的有苏联、中国、美国、英国、德意志民主共和国、捷克等60多个国家的500多名代表。大会的口号是："保卫和平，保卫我们下一代。"会议主要讨论了"关于保护儿童生命和健康""关于儿童教育""关于儿童的文学、艺术和教养"等问题。大会通过了《告世界男女书》和《关于儿童健康问题》等决议，号召全世界人民团结起来，为争取儿童的生存、反对细菌战而斗争，以保护儿童的健康成长。

为庆祝这次大会，在会议召开的当天，我国邮电部发行了这套纪念邮票。两幅画面，图案相同，均为一支巨大而健壮的手臂，护卫着世界各国不同肤色的儿童，在国际保卫儿童会议的旗帜下，使儿童受到保护。画面以简洁概括的笔墨，突出了会议的主题，形象地展示出这次国际大会的意义。

# 国际劳动节

发行日期：1952.5.1

3-1　　　　　　3-2　　　　　　3-3

（纪15）

3-1（75）镰刀、铁锤　　　　800圆　　　1000万枚

3-2（76）工农巨掌　　　　　800圆　　　1000万枚

3-3（77）铁锤、烟筒　　　　800圆　　　1000万枚

邮票规格：16 mm×26 mm

齿孔度数：12.5度

整张枚数：144枚

版　　别：胶版

设计者：孙传哲

印刷厂：上海华东税务局印刷厂

全套面值：2400圆

1920年，中国工人阶级第一次大规模纪念了"五一"国际劳动节。1949年12月，中华人民共和国政府规定5月1日为劳动节。

邮电部发行的这套《国际劳动节》纪念邮票，是中华人民共和国发行的第一套为纪念这个盛大节日的邮票。票幅虽小，但其内容很丰富，意义很深远，反映出中国工人阶级和其他劳动人民的心声。

邮票解析

图3-1【镰刀、铁锤】邮票画面主图为镰刀铁锤，象征着工农是胜利的基本力量，表现了劳动者在自己节日里的喜悦，体现了全世界无产者团结战斗，夺取胜利的前途和决心。

图3-2【工农巨掌】邮票画面主图为在齿轮麦穗组成的圆环中伸出一只托着和平鸽的大手，象征着工农联盟的牢不可破，表现劳动者对世界和平的渴望，充分表达工人和农民捍卫和平的意志和信念。

图3-3【铁锤、烟筒】邮票画面主图为在高耸的工厂烟筒衬托下，一把巨型铁锤绕有一支麦穗，一只口衔着橄榄叶的和平鸽正向工厂飞去，既象征着工农的紧密团结，又表现了蓬勃的工农业建设事业，深刻地表达了劳动人民在和平的岁月里，用顽强的劳动和辛勤的汗水，去创造美好生活的理想和干劲。

火电厂的烟筒

# 庆祝三八国际妇女节

发行日期：1953.3.10

| 2-1 | 2-2 |

（纪21）

2-1 （98）纺织女工　　　　800圆　　　　600万枚

2-2 （99）农妇　　　　　　800圆　　　　600万枚

邮票规格：38 mm × 22 mm

齿孔度数：14度

整张枚数：96枚

版　　别：雕刻版

设计者：孙传哲

雕刻者：李曼曾、吴彭越

印刷厂：北京人民印刷厂营业分厂

全套面值：1600圆

　　"三八"国际妇女节，是全世界劳动妇女团结战斗的节日。1890年3月8日，美国芝加哥的妇女和全国纺织工业及服装工业的工人举行了声势浩大的罢工和示威游行，要求增加工资，实行8小时工作制和获得选举权。这一斗争得到美国和全世界广大劳动妇女的热烈支持和响应。1910年8月，在丹麦哥本哈根召开的第二次国际社会主义妇女代表大会上，根据德国和国际工人运动的活动家、国际妇女联合会书记处书记克拉拉·蔡特金的倡议，通过了把3月8日定为国际劳动妇女节的决议，以团结全世界广大劳动妇女，反对帝国主义侵略战争，反对压迫，争取妇女解放。1911年欧洲一些国家，如德国、奥地利、丹麦、瑞士、美国等均开始纪念国际妇女节。我国妇女在中国共产党领导下，1924年在广州召开第一次群众性的"三八"节纪念大会，在第一公园集会后又举行了示威游行，提出了"打倒帝国主义""打倒军阀""同工同酬""同等教育""保护孕妇儿童""建立儿童保护法""禁止童养媳""禁止多妻制""禁止蓄婢纳妾"等口号，影响很大。1925年后，全国各大城市开始普遍纪念这个节日。1949年12月23日，中华人民共和国政务院通令3月8日为妇女节。

　　为纪念全世界劳动妇女的盛大节日，邮电部发行了这套纪念邮票，这是中华人民共和国成立后为这个节日发行的首套邮票。

## 邮票解析

　　图2-1【纺织女工】邮票画面以纺纱机为背景，描绘了机台旁一位纺织女工辛勤劳动的情景，其自由和愉快的工作姿态，表现出当家做主的欢欣。

　　图2-2【农妇】邮票画面以成熟的水稻为背景，描绘了田间一位农妇准备开镰收割的情景，其热情洋溢的神态和闪光的奖章，表现出妇女也是农业生产的一支主力军。

# 中国工会第七次全国代表大会

发行日期：1953.6.25

（纪23）

2-1 （102）工人阶级团结起来为国家工业化而奋斗　　400圆　　400万枚

2-2 （103）工人阶级团结起来为国家工业化而奋斗　　800圆　　600万枚

邮票规格：22 mm × 33 mm

齿孔度数：14度

整张枚数：96枚

版　　别：雕刻版

设计者：孙传哲

雕刻者：林文艺

印刷厂：北京人民印刷厂营业分厂

全套面值：1200圆

　　中国工会第七次全国代表大会1953年5月2日至11日，在中华人民共和国的首都北京举行。这次会议认真贯彻执行了1950年6月中央人民政府颁布的《工会法》，大会开得庄严隆重，紧张热烈。与会代表经过认真讨论，通过了《关于中国工会工作报告的决议》《关于修改中国工会章程的决议》，制订了在国民经济恢复和建设时期，中国工会为努力实现国家工业化而奋斗的工作任务。大会选举产生了新的领导机构，赖若愚为全国总工会主席，刘宁一、刘长胜、朱学范为副主席。这次大会使中华人民共和国的工会工作纳入了国家重要议事日程，走上了健康发展的轨道。

　　为纪念这次大会的召开，邮电部发行了这套邮票，2幅画面，图案相同，均在椭圆形的边框内，以高耸的厂房设备和飘展的旗帜为背景，展示了工人阶级团结奋斗的姿态，深刻地反映了这次大会所制定的为早日实现国家工业化而努力的主题。

天安门夜景

认识邮票中的民俗与节日

27

# 北京苏联经济及文化建设成就展览会开幕纪念

发行日期：1954.11.7

1-1

（纪28）

1-1 （117）苏联展览馆　　　800圆　　　500万枚

邮票规格：54 mm×24 mm

齿孔度数：14度

整张枚数：66枚

版　别：雕刻版

设计者：刘硕仁

雕刻者：孔绍惠

印刷厂：北京人民印刷厂营业分厂

全套面值：800圆

　　1954年10月2日，为了展示苏联经济和文化建设的辉煌成果，在北京举办"苏联经济及文化建设成就展览会"，展出期间，先后有276万人前去参观，受到很大的鼓舞和激励。10月25日，毛泽东、刘少奇、周恩来、朱德、陈云、林伯渠、董必武、彭德怀、彭真、邓小平等党和国家领导人前去参观，并题词："苏联经济和文化建设的光荣成就大大地鼓舞中国人民建设社会主义的热情，并且使中国人民得到学习的最好榜样。"为了纪念这次盛大的展出，邮电部发行了这套邮票。主图为展览馆建筑外景及"北京苏联经济及文化建设成就展览会开幕纪念"字样和毛泽东的题词："我们要在全国范围内掀起学习苏联的高潮，来建设我们的国家。"

　　该展览馆位于北京动物园东侧，当年称为"苏联展览馆"。其主体建筑为高90米的镏金尖塔，上嵌一颗红色玉石制成的五角星。塔的正面镌刻一巨大苏联国徽，上边有金黄色"CCCP"，即苏联的俄文缩写文字。展览会分为三大部分：一为工业馆，它是整个展览会的中心。馆内陈列着苏联机器制造、冶金、煤炭、石油、化工、纺织和其他工业部门的展品共3380件，馆外陈列着各种汽车、采矿机械、筑路机械、活动发电站及农业机械等。二为农业馆，陈列着各类农机、农药、农产品及农业科研成果等展品共350多件。三为文化馆，包括出版和职业教育馆、高等教育馆、油画雕塑和版画馆等部分，陈列着各种书籍4000余种，期刊150种，珍贵油画102幅以及苏联的大集邮簿，在12页大玻璃纸下面是纪念马克思、恩格斯、列宁、斯大林的邮票，还有许多邮票分别反映了苏联的历史、经济建设、文化体育及各类卓有建树的人物，成为苏联经济和文化建设成就的一个缩影。展览馆内还有莫斯科新式的露天剧场和装饰华丽的电影馆。

北京展览馆

# 中华人民共和国第一届全国人民代表大会

发行日期：1954.12.30

2-1

2-2

（纪29）

2-1　（118）普选　　　　　　　　　　　400圆　　　600万枚

2-2　（119）庆祝全国人民代表大会　　　800圆　　　1000万枚

邮票规格：（2-1）27 mm×38 mm；（2-2）58 mm×31 mm

齿孔度数：14度

整张枚数：（2-1）80枚、（2-2）50枚

版　别：雕刻版

设计者：孙传哲

雕刻者：孔绍惠、吴彭越

印刷厂：北京人民印刷厂营业分厂

全套面值：1200圆

1954年9月15日，中华人民共和国第一届全国人民代表大会在北京开幕。会议的任务是：制定宪法，听取和审议政府工作报告，选举新的国家领导人员等。为庆祝这次大会的召开，邮电部发行了这套纪念邮票。

邮票解析

**图2-1【普选】**我国宪法规定：凡年满18周岁的中华人民共和国公民，都有选举权和被选举权。普选就是指公民普遍地参加国家机关的选举，行使这一权利的过程。邮票画面即描绘了一位女工，投上自己神圣一票的场面，体现了当家做主的豪迈形象。

**图2-2【庆祝全国人民代表大会】**喜讯传遍了大江南北，会议带来了喜人的东风，全国人民怎能不为之激动和高兴？邮票画面即以国家的各项经济建设成就为背景，描绘了人民载歌载舞、热烈欢庆的场面，表达了团结奋斗、建设祖国的意志和决心。

人民大会堂

# 《中华人民共和国宪法》

发行日期：1954.12.30

2-1　　　　　　　　　　　　　　　　　　2-2

（纪30）

2-1　（120）宪法　　　400圆　　　800万枚

2-2　（121）宪法　　　800圆　　　1000万枚

邮票规格：45 mm × 30 mm

齿孔度数：14度

整张枚数：60枚

版　　别：胶雕版

设计者：邵柏林

雕刻者：唐霖坤

印刷厂：北京人民印刷厂营业分厂
全套面值：1200圆

## 知识百花园

宪法是国家的根本大法，它与普通法律不同。在内容上，宪法所规定的是统治阶级治理国家的方向、道路和根本大计，它规定一个国家的社会制度和国家制度（包括国家性质、政治制度、经济制度、国家结构）的基本原则，国家机构的组织和活动原则，公民的基本权利和义务等最根本性的问题。在效力上，宪法具有最高的法律效力，是普通法的立法依据，其他法律都是依据宪法的原则来制定。如果其他法律同宪法相抵触就无效，必须废止或修改。一切国家机关和工作人员都要遵照宪法办事。每个公民都毫无例外地要严格遵守宪法。在制定和修改程序上，各国宪法有它的特殊规定。有的是由国家最高权力机关来制定的，有的是由专门成立的机构来制定的，有的还要经过全民讨论或者交付公民表决。修改宪法的程序也很严格，一般要立法机关的2/3或3/4的多数通过才有效。

1949年9月29日，中国人民政治协商会议第一届全体会议曾通过《中国人民政治协商会议共同纲领》。中华人民共和国第一部宪法就是以它为基础，于1954年9月20日由第一届全国人民代表大会第一次会议通过并颁布。这个宪法是一百多年来中国人民革命斗争历史经验的总结，也是中华人民共和国成立以来新的历史经验的总结。

这部《中华人民共和国宪法》，是我国第一部社会主义类型的宪法。它用根本大法的形式，总结了我国人民长期英勇斗争的历史经验，记录了中国人民革命的伟大胜利和中华人民共和国成立以来的新成就，肯定了中国社会从新民主主义转变到社会主义的必然趋向和基本途径，其中反映了我国人民坚定不移地走社会主义道路的共同愿望，巩固了人民革命的胜利果实，为全国人民规划了前进的道路。它为发扬社会主义民主和健全社会主义法制奠定了初步基础，对动员和团结全国人民进行社会主义建设和社会主义改造发挥了巨大的指导作用。为此，邮电部发行了这套纪念邮票，以示庆祝。全套2枚，图案相同，均为工人、农民怀抱《中华人民共和国宪法》，在红旗漫卷中，展望社会主义建设灿烂前景的场面，表现了全国人民在宪法的指引下，乘胜前进的姿态和信心。

# 中国红十字会成立五十周年纪念

发行日期：1955.6.25

1-1

（纪31）

1-1 （122）男女工人学习卫生常识　　8分　　600万枚

邮票规格：38 mm × 22 mm

齿孔度数：14度

整张枚数：96枚

版　别：雕凸版

设计者：董纯琦

雕刻者：孔绍惠

印刷厂：北京人民印刷厂营业分厂

全套面值：0.08元

　　红十字会是一种国际性的救护组织和救济团体，它是以自愿为原则的。开始只是从事战时救护，后逐渐发展包括平时的自然灾害救济、社会救济、社会福利、输血、急救和护理等工作。其创始人让·亨利·迪南于1828年5月8日生于瑞士日内瓦。1863年10月26日至29日，在日内瓦召开了有英、法、德、瑞士等15个国家36位人士参加的国际会议，成立了"日内瓦伤兵救护委员会"，1880年改名为"红十字国际委员会"，代表们为表示对瑞士人迪南的敬意，决定以瑞士的国旗图案作为该会的标志，只是颜色上由红底白十字翻成白底红十字。该会章程赋予它在战争时期以中立团体身份进行人道主义的救济活动，在战场上敌对双方，对佩戴红十字标志的医务人员不准开枪射击；改进和宣传人道主义国际公约；受理有关违反人道主义公约的指控；维护红十字会基本的和永久的原则；承认新成立的红十字会等任务和权利。1867年，在巴黎召开了首次国际红十字大会，并形成了4年一次的例会制度，以对国际红十字会的工作进行审议和协调。1919年2月，又成立了"红十字会协会"，以作为各国红十字会的联络、协调和研究的常设机构。

　　中国红十字会于1904年在上海成立，1912年经红十字国际委员会承认，1919年加入红十字会协会。旧中国的红十字会只是做些简单的救济、抢救工作，得不到应有重视。中华人民共和国成立后，1950年9月8日，由中央人民政府卫生部和中国人民救济总会共同对旧红十字会进行了改组，确定了以"预防为主"和"动员与组织人民实行自救救人"的方针，制定了中国红十字会的基本任务：遵循国家的卫生工作方针，发扬救死扶伤的革命人道主义精神，协助政府卫生部门，动员和组织人民参加爱国卫生运动，开展群众性的防病治病、输血、战备救护训练等活动；在国际活动中，促进各国人民之间友好互助合作，进行灾害救济，反对侵略战争，维护世界和平。中国红十字会自改组后，连续当选为红十字会协会历届理事会执行委员，在世界红十字会工作中发挥着重要作用。

　　为庆祝中国红十字会成立50周年，邮电部发行了这套纪念邮票。画面以林立的工厂厂房为背景，描绘了上海国棉一厂的工人手持《群众卫生》小册子，肩背红十字药箱，展望红十字工作的形象，既说明了中国红十字会成立于上海，又反映出该会为生产、为群众、为和平服务的方针。

# 中苏友好同盟互助条约签订五周年纪念

发行日期：1955.7.25

2-1                                      2-2

（纪32）

2-1 （123）伟大的友谊 　　　　8分　　700万枚

2-2 （124）学习苏联先进经验 　　20分　　500万枚

邮票规格：（2-1）37.5 mm×31 mm；（2-2）27 mm×33.5 mm

齿孔度数：14度

整张枚数：（2-1）72枚、（2-2）90枚

版　　别：雕刻版

设计者：刘硕仁

雕刻者：唐霖坤、孔绍惠

印刷厂：北京人民印刷厂营业分厂

全套面值：0.28元

知识百花园

为纪念中苏友好互助同盟条约签订5周年，邮电部发行了这套邮票。

邮票解析

图2-1【伟大的友谊】图案依据苏联画家德·阿·纳尔班殿创作的油画《伟大的友谊》进行设计。描绘了毛泽东在1949年12月16日至1950年2月17日访问苏联期间，在莫斯科同斯大林会晤交谈时的情景，通过两国领导人的亲密交往，反映了中苏两国人民的友谊。

图2-2【学习苏联先进经验】图案依据中国画家李宗津创作的油画《学习苏联经验》进行设计。根据中苏友好互助同盟条约的有关精神，苏联先后派来援华专家1390人，帮助我国进行经济建设。邮票画面即描绘了在大型钢铁联合企业里，苏联专家正在现场指导中方技术人员的情景，表现了当年援助的无私和学习的真诚。

钢铁厂炼钢场景

# 中国共产党第八次全国
# 代表大会

发行日期：1956.11.10

3-1          3-2          3-3

（纪37）

3-1 （135）天安门　　4分　　1500万枚

3-2 （136）天安门　　8分　　2200万枚

3-3 （137）天安门　　16分　　1300万枚

邮票规格：25 mm × 36 mm

齿孔度数：14度

整张枚数：88枚

版　　别：雕刻版

设计者：周令钊、钟灵、陈若菊

雕刻者：孔绍惠

印刷厂：中国近代印刷公司

全套面值：0.28元

1956年9月15日至27日，中国共产党第八次全国代表大会在北京隆重举行。出席大会的正式代表1026人，候补代表107人，代表着1073万党员。我国各民主党派、无党派人士的代表和58个国家的共产党、工人党、劳动党和人民革命党的代表应邀参加了大会。毛泽东在开幕词中指出："我国的革命和建设的胜利，都是马克思列宁主义的胜利。把马克思列宁主义的理论和中国革命的实践密切地联系起来，这是我们党的一贯的思想原则。""要把一个落后的农业的中国改变成为一个先进的工业化的中国，我们面前的工作是很艰苦的，我们的经验是很不够的。因此，我们必须善于学习。"刘少奇向大会作了《政治报告》，报告分析了当前的形势和国内阶级关系的变化，总结了"七大"以来特别是中华人民共和国成立以来社会主义改造和社会主义建设的经验，邓小平向大会作了《关于修改党的章程的报告》。报告总结了党的建设和经验，说明了党章草案中关于群众路线、民主集中制、团结和统一等问题，强调指出了执政党建设的重要性。周恩来向大会作了《关于发展国民经济的第二个五年计划的建议的报告》，总结了第一个五年计划的经验教训，提出了第二个五年计划的基本任务。

大会选出了由97名中央委员和72名候补中央委员组成的新的中央委员会。随即在八届一中全会上，选出了新的中央机构，毛泽东当选为中央委员会主席，刘少奇、周恩来、朱德、陈云当选为副主席，邓小平当选为总书记。

中国共产党第八次全国代表大会，是在我国由革命转为建设的历史转折关头适时召开的一次具有重大意义和深远影响的大会。八大为探索一条适合我国国情的社会主义建设道路做出了重要贡献。虽然其中有许多正确的意见，由于当时党对全面建设社会主义的思想准备不足而没能在实际工作中坚持下去，但在我党的历史上，这次会议仍具有划时代的伟大意义。邮电部发行的这套纪念邮票，3幅画面均为雄伟傲岸的天安门。在象征着工农的齿轮和农作物环绕簇拥中，它闪烁着熠熠的光辉，表达了这次大会的意义和作用。

# 我国自制汽车出厂纪念

发行日期：1957.5.1

2-1　　　　　　　　　　　　　　　2-2

（纪40）

2-1　（145）厂房外景　　　4分　　　600万枚

2-2　（146）总装配车间　　8分　　　800万枚

邮票规格：43 mm×19 mm

齿孔度数：14度

整张枚数：91枚

版　别：雕刻版

设计者：刘硕仁

雕刻者：唐霖坤、孔绍惠

印刷厂：中国近代印刷公司

全套面值：0.12元

1956年7月13日，是我国汽车工业发展史上具有重要历史意义的日子，中国几代人企盼的国产汽车终于在毛主席亲笔命名的长春第一汽车制造厂制造成功。第一辆墨绿色"解放"牌汽车从总装配线上开了下来，从此，中国不能制造汽车的历史结束了。

在旧中国，中国没有汽车工业，使用的全是外国车，中国人多么盼望早日洗掉这耻辱，造出自己的汽车！中华人民共和国成立后，在党中央和毛主席的重视、关怀下，这种企盼有了希望，成了现实。经过近两年的筹备工作，1953年6月9日，毛主席亲自签发了《中共中央关于力争三年建设长春汽车厂的指示》，并通报全党。"决心三年建成汽车厂"成为开创我国民族汽车工业的豪迈誓言。全国上下响应党的号召，各路大军云集长春，呈现出全国支持一汽建设的热潮。经过三年艰苦奋斗，一汽基本建成。在将要出车时，毛主席满足了一汽人的愿望，将一汽制造的汽车命名为"解放"。1956年7月13日，厂领导和职工早早就来到装配线，等待我国第一辆汽车降生。第一辆车披红挂彩，鸣着清脆的喇叭声徐徐开出装配线时，掌声、欢呼声响成一片。一汽从运输车间挑选出最优秀的司机驾驶第一批12辆汽车下线。7月14日午后1时，12辆打扮得漂漂亮亮的解放车队载着一汽的400名先进生产者浩浩荡荡向市内驶去，向省市领导报捷。全厂职工沉浸在一片狂欢之中，成千上万的人群把道路围得水泄不通。当汽车驶入市区时，通过的街道变成了欢乐的海洋，人们争着把鲜花、彩带投向"解放"牌汽车，很多人手里没有鲜花，就拿高粱、苞米往车上抛撒。邮票画面即描绘了一汽厂房和当年汽车出厂时的情景。

为了热烈庆祝我国自制汽车成功，在1957年国际劳动节之际，邮电部发行了这套纪念邮票，大长了中国人民的志气。

## 邮票解析

图2-1【厂房外景】邮票画面中间为长春一汽负责动力输送的热电站，两侧为主体厂房，展示了汽车制造厂的宏伟壮观。

图2-2【总装配车间】邮票画面为长春一汽总装配车间生产线，每隔三四分钟，就有一辆崭新的"解放"牌汽车开出总装配线，展示了中华人民共和国汽车摇篮的蓬勃发展。

# 世界工会第四次代表大会

2-1　　　　　　　2-2

（纪42）

2-1　（151）会徽和标语　　8分　　800万枚

2-2　（152）会徽和标语　　22分　　400万枚

邮票规格：23 mm × 28.5 mm

齿孔度数：14度

整张枚数：120枚

版　　别：雕刻版

设计者：孙传哲

雕刻者：宋广增

印刷厂：中国近代印刷公司

全套面值：0.30元

## 知识百花园

世界工会第四次代表大会于1957年10月4日至15日在民主德国的莱比锡举行。59个国家的代表、观察员共635人参加了会议。大会听取并通过了"关于世界工会的活动和关于为了提高工人生活水平、争取工人的经济、社会与民主权利、争取裁军、和平与民族独立而发展国际工会运动的友好关系和团结的报告"；修改世界工联章程；选举世界工联领导机构和经费审查委员会等。这次大会是国际工会运动史上最具有广泛群众性的一次集会。大会的一系列宣言和决议，充分表达了全世界工人阶级加强国际合作和保卫世界和平的坚定信念。

为了祝贺这次大会的召开，在会议开幕前夕，邮电部发行了这套纪念邮票。两幅画面图案相同，均为这次大会的会徽和"全世界无产者联合起来"的文字组成，会徽由一枚硕大的橄榄枝叶烘托着东西两个半球，罗马数字"Ⅳ"贯穿中间，表达了世界工联第四次代表大会团结联合无产阶级、争取世界和平的主题。

莱比锡夜景

# 胜利超额完成第一个
# 五年计划

发行日期：1958.1.30

（纪45）

3-1 （160）和平建设 　　　4分　　　800万枚

3-2 （161）工业和农业 　　8分　　　1000万枚

3-3 （162）交通运输 　　　16分　　　800万枚

邮票规格：23.5 mm × 35.2 mm

齿孔度数：14度

整张枚数：64枚

版　别：胶雕版

设计者：周令钊

雕刻者：高振宇、孙鸿年、宋广增

印刷厂：中国近代印刷公司

全套面值：0.28元

## 知识百花园

我国从1953年到1957年是发展国民经济的第一个五年计划，也是实现社会主义建设总路线的重大步骤，它标志着我国大规模有计划的社会主义建设的开始。为了实现第一个五年计划，党和国家采取了一系列的重大措施：抓住重点建设，发挥现有企业的潜力，统一调配和培养建设干部，增产节约，积累资金，开展先进生产者运动，调动了方方面面的积极因素，投身到社会主义建设事业中。在全党和全国人民的共同努力下，"一五"计划的大多数指标，到1956年就已提前一年基本完成。1957年底，全面超额完成了"一五"计划，社会主义经济建设取得了巨大成就，使我国初步建立了社会主义工业化的基础。

为祝贺"一五"计划的胜利超额完成，邮电部发行了这套纪念邮票。3幅画面均以一面锦旗作图案，上面绘有不同行业的建设成就，既显示了劳动者的创造力，也是对他们的褒奖和鼓励。

## 邮票解析

**图3-1【和平建设】**主图为正在建筑高楼大厦的图景，表现基本建设的成就。"一五"期间，全国完成投资总额550亿元，相当于1952年全国拥有的固定资产总值的1.9倍，用如此巨大的资金进行经济建设，这在我国历史上是没有过的。有595个大中型项目全部建成并投入生产，整个国家面貌发生了显著变化。

**图3-2【工业和农业】**主图为粮食、棉花和钢锭，表现工农业建设的成果。

**图3-3【交通运输】**主图为飞机、火车、轮船正在运行中，表现交通运输事业的发展。

# 中国工会第八次全国代表大会

发行日期：1958.5.25

（纪48）

2-1 （166）齿轮　　4分　　400万枚

2-2 （167）齿轮　　8分　　800万枚

邮票规格：28 mm × 23 mm

齿孔度数：14度

整张枚数：120枚

版　　别：雕刻版

设计者：刘硕仁

雕刻者：孔绍惠

印刷厂：中国近代印刷公司

全套面值：0.12元

## 知识百花园

中华全国总工会简称"全总"，是中国共产党领导下的全国工会的领导机关。1921年中国共产党成立后，即建立了中国劳动组合书记部，作为领导全国工人运动的机关。1925年5月，在广州召开的第二次全国劳动大会上，成立了中华全国总工会。1927年，蒋介石叛变革命后，"全总"被迫转入地下。1948年8月，在哈尔滨召开的第六次全国劳动大会，决定恢复"全总"，并通过了《关于中国职工运动当前任务的决议》。中华人民共和国成立后，"全总"在中共中央领导下，教育和组织工人为实现党在社会主义革命和社会主义建设中的路线、方针、政策而斗争。中华全国总工会的最高权力机关是全国工会代表大会，它的主要机构有执行委员会、常务委员会和书记处，会址在北京，机关报为《工人日报》。

1957年12月2日至12日，中国工会第八次全国代表大会在北京举行。出席这次大会的正式代表989名，候补代表100名，还有30多个国家和地区的工会代表团应邀出席。党和国家对这次会议极为重视，毛泽东、刘少奇、周恩来、朱德出席了大会。

为祝贺这次大会的召开，邮电部发行了这套邮票。两幅画面图案相同，均以沐浴在朝霞里的工厂厂房剪影为背景，描绘了大、小两个齿轮，巧妙地组成一个"8"字，表达了全国工人阶级在工会八大精神指引下，朝气蓬勃的发展景象。

中华全国总工会大楼

# 国际民主妇女联合会第四届代表大会

**发行日期：1958.6.1**

（纪49）

2-1 （168）会徽　　8分　　800万枚

2-2 （169）会徽　　20分　　350万枚

邮票规格：23 mm×31 mm

齿孔度数：14度

整张枚数：120枚

版　别：雕刻版

设计者：孙传哲

雕刻者：孔绍惠

印刷厂：中国近代印刷公司

全套面值：0.28元

知识百花园

国际民主妇女联合会第四届代表大会于1958年6月1日至5日，在奥地利首都维也纳举行。出席会议的有苏、中、印度、法国等56个国家的57个会员团体的代表。大会听取了《关于当前全世界妇女的作用和责任及国际民主妇联的任务》的报告，讨论了关于加强各国妇女和人民之间的了解和友谊、保卫和平、改善家庭生活条件、保卫和争取妇女在各方面的平等权利、教育青年等内容，使各国妇女增进了了解，加强了联系，沟通了感情，统一了认识，发挥了在各自国家和世界事务中的作用。

为庆祝这次大会的召开，邮电部发行这套纪念邮票。两幅画面图案相同，均为国际民主妇联第四届代表大会的会徽，其图形由一只衔着橄榄枝叶的和平鸽正在飞向地球组成。表达了世界民主妇联"四大"为全球带来和平的愿望。

维也纳建筑风格

# 共产党宣言发表
# 一百一十周年

发行日期：1958.7.1

（纪51）

2-1　（173）马克思和恩格斯像　　　　　　　　　4分　　　　400万枚

2-2　（174）《共产党宣言》1848年德文版封面　　8分　　　　800万枚

邮票规格：26.5 mm×38 mm

齿孔度数：14度

整张枚数：80枚

版　　别：雕刻版

设计者：孙传哲

雕刻者：孔绍惠

印刷厂：中国近代印刷公司

全套面值：0.12元

《共产党宣言》是马克思和恩格斯合著的科学共产主义的纲领性文件，它的产生与"共产主义者同盟"有着密切的关系。"共产主义者同盟"是世界上第一个以科学社会主义理论为指导的无产阶级国际共产主义组织。它的前身是"正义者同盟"，1836年由"法国流亡者同盟"中分裂出来的部分成员在巴黎建立的秘密团体，大部分成员是流亡在巴黎的法国工人和手工业者。同盟领导人在革命实践中认识到马克思、恩格斯理论的正确，1847年春，同盟正式提请马克思、恩格斯参加组织，并授权让他们领导同盟的改组工作。1847年6月，同盟在伦敦召开改组大会，恩格斯和沃尔弗参加了大会，并根据马克思、恩格斯的提议，把"正义者同盟"改为"共产主义者同盟"；用"全世界无产者，联合起来"的口号，代替"人人皆兄弟"的口号。大会决定由恩格斯和沃尔弗等人起草新的章程，明确规定："同盟的目的：推翻资产阶级政权，建立无产阶级统治，消灭旧的以阶级对抗为基础的资产阶级社会和建立无阶级、没有私有制的新社会。"从此，该同盟正式称为"共产主义者同盟"。1847年11月29日至12月8日，在伦敦召开了同盟第二次代表大会，马克思、恩格斯亲自参加和领导了这次会议，并接受大会委托"起草一个准备公布的周详的理论和实践的党纲"，1848年2月用德文在伦敦出版，名为《共产主义宣言》，即《共产党宣言》。

在《共产党宣言》发表110周年之际，邮电部发行了这套邮票，以纪念这部全世界工人阶级争取自由解放的共同纲领。

图2-1【马克思和恩格斯像】表明《共产党宣言》是马克思和恩格斯共同的杰作。

图2-2【《共产党宣言》1848年德文版封面】邮票画面上的图案即是1848年出版的这个德文版本的封面。自1872年的版本以及后来1883年和1890年的德文版书名都改为《共产党宣言》。

# 莫斯科社会主义国家邮电部长会议

发行日期：1958.7.10

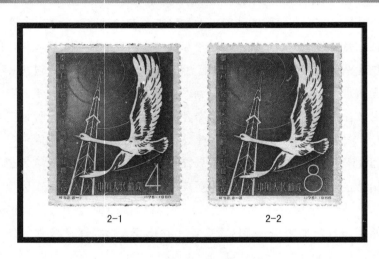

2-1                    2-2

（纪52）

2-1 （175）邮电-飞雁和发射塔　　　4分　　　400万枚

2-2 （176）邮电-飞雁和发射塔　　　8分　　　800万枚

邮票规格：27.5 mm × 34.5 mm

齿孔度数：14度

整张枚数：90枚

版　　别：雕刻版

设计者：孙传哲

雕刻者：唐霖坤

印刷厂：中国近代印刷公司

全套面值：0.12元

　　为密切社会主义国家之间的关系，发展彼此的邮电事业，社会主义国家邮电部长会议于1957年12月3日至17日在莫斯科召开，参加会议的有阿尔巴尼亚、保加利亚、匈牙利、越南民主共和国、德意志民主共和国、中华人民共和国、朝鲜民主主义人民共和国、蒙古、波兰、罗马尼亚、苏联和捷克斯洛伐克等12个社会主义国家的邮电部部长、副部长和代表。会议交流了各自国家的邮电发展情况，进行了热烈的讨论和专题研究，会议通过了关于改进各国间通信的决议，拟定了社会主义国家间进一步扩大邮电科学技术合作的措施，签订了关于社会主义国家邮电合作组织的协议，进一步发展和巩固了社会主义国家间邮电业务的合作。会议并就全球邮电事业的发展和未来进行了探讨和展望。因此，这次会议不仅对于社会主义国家的邮电事业具有重要价值，而且具有广泛的世界意义。

　　为此，邮电部发行了这套邮票，以对这次会议进行纪念和祝贺。两幅画面均为一只硕大的鸿雁在浩瀚的太空中展开双翼，飞向正在工作的广播发射塔，既表现了这次会议邮电通信的主题，也反映了社会主义国家邮电事业蓬勃发展的现状和远景。

　　"鸿雁传书"出于"苏武牧羊"的故事。天汉元年（前100年），匈奴侯单于将汉朝使臣中郎将苏武扣留，流放到北海（今贝加尔湖）无人区牧羊。19年后，汉昭帝继位，汉匈和好。汉使节来匈，要求放苏武回去，但单于谎说苏武已死。和苏武一起出使匈奴并被扣留的副使常惠，趁机把苏武的情况密告汉使，并想出一计，让汉使对单于讲："汉朝天子打猎时，射到一只大雁，足上系着一信，上面写着苏武没死，正在北海放羊。"单于听后大为惊奇，只好把苏武放回。苏武的民族气节为人传颂，而鸿雁传书的故事也被人作为邮政和通信的象征。

# 国际学联第五届代表大会

发行日期：1958.9.4

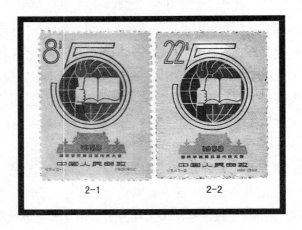

（纪54）

2-1　（180）会徽　　8分　　　800万枚

2-2　（181）会徽　　22分　　　300万枚

邮票规格：21 mm×30.5 mm

齿孔度数：14度

整张枚数：120枚

版　别：雕刻版

设计者：刘硕仁

雕刻者：北京人民印刷厂

印刷厂：北京人民印刷厂

全套面值：0.30元

国际学联的全称是国际学生联合会，成立于1946年。它的任务是：保卫学生的权利与利益；促进学生福利和教育情况的改善；团结全世界的学生为争取和平、民族独立和民主教育而斗争等。凡接受国际学联会章，执行组织决议，并参加活动的学生组织均可为会员。国际学联的会员分为完全会员和联系会员两种。

国际学联自成立以来，对于保卫世界和平，争取民主教育与增进学生福利，支援殖民地半殖民地学生斗争等方面，都进行过许多努力，做了大量工作。1958年9月4日至15日，国际学联第五届代表大会在我国首都北京召开。70个国家和地区的200多名代表和观察员参加了会议。我国学生代表团团长胡启立在会上做了题为"中国学生对人类和平正义的事业充满着信心"的发言，表达了亿万中国学生的心声。大会主要讨论了国际学生运动的发展，以及国际学联和学生组织对保卫学生利益和促进国际学生合作的贡献等问题，标志着世界学生进一步大团结。

为祝贺这次大会的召开，邮电部发行了这套邮票。两幅画面图案相同。邮票下方绘有淡淡的天安门剪影，并有"1958"及上部的阿拉伯数字"5"字样，表明了会议召开的时间、地点及届数。而主图则为国际学联的会徽，其图案为一只手高举着熊熊燃烧着的火炬，照亮了一本打开在地球上的书，完美地体现了国际学联致力于维护世界和平和争取民主教育的宗旨。这套邮票原定1958年9月1日发行，因票名误为"第五届世界学生代表大会"而停发。经改正后，于会议开幕之日正式发行。

# 全国工业交通展览会

发行日期：1958.10.1

3-1　　　　　　　　3-2　　　　　　　　3-3

（纪55）

3-1　（182）社会主义建设总路线　　8分　　1000万枚

3-2　（183）力争上游　　　　　　　8分　　1000万枚

3-3　（184）生产大跃进　　　　　　8分　　800万枚

邮票规格：31 mm×26 mm

齿孔度数：14度

整张枚数：100枚

版　　别：雕刻版

设计者：刘硕仁、吴建坤

雕刻者：孙经涌、孙鸿年、高品璋

印刷厂：北京人民印刷厂

全套面值：0.24元

　　首次全国工业交通展览会于1958年10月在北京的苏联展览馆（现北京展览馆）举行。这次展览会共设15个分馆，包括冶金、机械、原子能、石油、地质、煤炭、电子、化学、森林、纺织、轻工、建筑、铁道、交通、邮电等部门，用大量的图片和实物展示了中华人民共和国成立以来工交战线上所取得的成就。

　　为祝贺这次展览会的举办，邮电部发行了这套邮票。由于处在"大跃进"的年代，所以3幅画面均带有那个时期的特色。

北京展览馆

邮票解析

　　图3-1【社会主义建设总路线】邮票画面由建设成就剪影、会徽和周恩来手迹"鼓足干劲，力争上游，多快好省地建设社会主义"组成。该手迹是在党的八届二

次会议闭幕后的第二天，即1958年5月25日，毛泽东、周恩来等中央领寻同志到北京十三陵水库参加义务劳动时，周恩来应工地指挥部之请，挥笔题写的。展览会的徽志图案由齿轮和民航标志、制图仪器组成，表达了我国公交事业的发展和进步。

图3-2【力争上游】1958年元旦，《人民日报》发表了《乘风破浪》的社论，号召调动一切积极因素，又多、又快、又好、又省地进行各项建设工作，要求"鼓足干劲，力争上游，充分发挥革命的积极性、创造性，扫除消极、怀疑、保守的暮气。"在1月召开的杭州会议上，毛泽东批评了1956年的"反冒进"，说"反冒进"的人是"促退派""有保守思想"。接着又在南宁会议上说，"反冒进"是"政治问题""泄了六亿人民的气""是方针性的错误"。2月3日，《人民日报》发表了《鼓足干劲，力争上游》的社论，号召全党"鼓起革命干劲，打破一切右倾、保守思想，力争上游，又多、又快、又好、又省地进行社会主义建设。"3月9日至26日，中央政治局在成都召开会议，毛泽东多次讲话，继续批判了反冒进，反复强调要"破除迷信，解放思想，敢想、敢说、敢干"。"力争上游"在"15年内赶超英国"。邮票画面即描绘了热血沸腾的人们驾驭着一条巨龙，在波涛滚滚中奋力向前的情景，反映了人们力争上游、不甘落后的精神面貌和时代要求。

图3-3【生产大跃进】1958年的"大跃进"是在我们党内不断批判反冒进的过程中逐渐形成和发展起来的，是经济建设中急于求成的思想产物，也是一次带有浓厚空想色彩的社会实践。1957年11月13日的《人民日报》社论中，第一次提出了"大跃进"的口号。紧接着在1958年5月社会主义建设总路线公布之后，全国城乡便迅速掀起了轰轰烈烈的"大跃进"和"人民公社化"群众运动，工业、农业、科技、文教卫生等各条战线都提出了一些虽振奋人心但却不切实际的行动口号，诸如"苦战一年，钢铁产量翻一番""人有多大胆，地有多大产""苦战3年基本改变我国科技面貌""用3年时间基本上扫除文盲"以及"跑步进入共产主义"等等。高指标、瞎指挥、浮夸风、"共产风"到处泛滥。经过一年的折腾，又加上后来的自然灾害和苏联撕毁合同、撤走专家等原因，致使我国的国民经济以及人民生活从1959年至1961年出现了严重困难。邮票画面即描绘了人们撑着红旗、骑着骏马、腾云驾雾、跨越崇山峻岭的形象。反映了当年人们生产大跃进的愿望和不切实际的幻想。

# 一九五八年钢铁生产"大跃进"

发行日期：1959.2.15

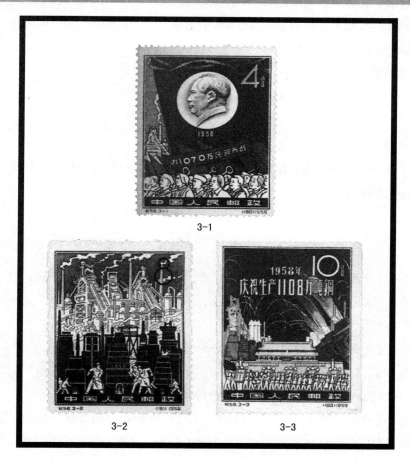

3-1

3-2

3-3

（纪58）

3-1 （190）全民炼钢　　　4分　　　400万枚

3-2 （191）土洋结合　　　8分　　　800万枚

3-3 （192）庆祝完成计划　10分　　350万枚

邮票规格：27.5 mm × 34 mm

齿孔度数：14度

整张枚数：90枚

版　　别：雕刻版

设计者：孙传哲、刘硕仁

雕刻者：孔绍惠、孙鸿年、高品璋、孙经涌

印刷厂：北京人民印刷厂

全套面值：0.22元

## 知识百花园

为了反映全民大炼钢铁运动，邮电部发行了这套邮票。以3幅画面描绘了1958年的钢铁生产面貌。

## 邮票解析

图3-1【全民炼钢】邮票画面以工、农、商、学、兵各界肩扛钢钎，在毛泽东的旗帜下，浩浩荡荡奔向炼钢现场的场面，表现了当年全民为"1070"万吨钢而奋斗的气势和精神。

图3-2【土洋结合】邮票画面以远处的大型钢铁企业和近处浓烟滚滚的小土炉相衬托的场面，表现了当年大炼钢铁实行"土洋结合""两条腿走路"的方针政策，尤以这些遍地开花的小土炉为重，是1958年全民炼钢的产物。

图3-3【庆祝完成】邮票画面以钢花飞溅和高炉林立为背景，描绘了高举红旗，敲锣打鼓的一行队伍，到天安门去报捷的场面，庆祝生产1108万吨钢。但实际上，小土炉炼出来的不合格产品也统计在内，这也正是那个年代浮夸风的产物。

# 三八国际妇女节

发行日期：1959.3.8

（纪59）

2-1 （193）工、农、商、学、兵　　　8分　　　750万枚

2-2 （194）世界妇女大团结　　　　22分　　　250万枚

邮票规格：24 mm×29.5 mm

齿孔度数：14度

整张枚数：110枚

版　别：胶雕版

设计者：卢天骄

雕刻者：唐霖坤、高品璋

印刷厂：北京人民印刷厂

全套面值：0.30元

## 知识百花园

值此三八妇女节之际，邮电部发行了这套纪念邮票。以两幅画面，展示了中国劳动妇女在国内外事务中的典型形象，赞扬了她们的工作，肯定了她们的作用，以便进一步调动她们建设祖国的积极性。

## 邮票解析

图2-1【工、农、商、学、兵】邮票画面以工厂为背景，描绘了二农商学兵中的妇女形象。

图2-2【世界妇女大团结】邮票画面以各国妇女为背景，描绘了中苏两国妇女并肩而立的高大形象，她们挥舞的彩带巧妙地组成了"3·8"字样，表现了节日的欢庆及在国际妇女运动中的重要作用。

### 集邮小知识

#### 汇兑邮票

汇兑邮票又称汇兑印纸，是在汇兑业务中，贴在汇票及其核对单据上的汇款金额的凭证。有面值，但不公开出售。1884年荷兰发行了世界上最早的汇兑邮票。1898年中国开始办理汇兑业务，当时没有发行汇兑邮票，而使用了普通邮票。1925年1月，中华邮政发行了13枚一套的汇兑邮票，图案全都是一座9层宝塔，面值和刷色不同，俗称"北京一版汇兑邮票"，开创了发行汇兑邮票的先河。以后陆续发行过多套汇兑邮票和加盖"限×省贴用"的汇兑邮票。解放区于1946年6月由晋察冀边区邮政管理局首次发行了"张家口城门图"汇兑邮票，全套11枚，图案相同，面值和刷色不同。中华人民共和国成立后，先是在中华邮政发行的汇兑邮票上加盖面值和铭记"中国人民邮政"使用，1953年1月正式发行"工农图"汇兑邮票，全套1枚，无面值。同年年底终止使用汇兑邮票。

# 1958年农业大丰收

发行日期：1959.4.25

4-1

4-2

4-3

4-4

（纪60）

| 4-1 | （195）麦 | 8分 | 700万枚 |
|---|---|---|---|
| 4-2 | （196）稻 | 8分 | 700万枚 |
| 4-3 | （197）棉花 | 8分 | 700万枚 |
| 4-4 | （198）大豆、花生、油菜 | 8分 | 700万枚 |

邮票规格：29.5 mm×20 mm

齿孔度数：14度

整张枚数：120枚（4种田字式联印）

版　　别：雕刻版

设计者：孙传哲

雕刻者：孙鸿年、唐霖坤、孙经涌、孔绍惠

印刷厂：北京人民印刷厂

全套面值：0.32元

## 知识百花园

为了反映1958年"大跃进"时代的农业生产情况，邮电部发行了这套纪念邮票。4枚邮票呈"田"字联印，每幅画面均以五星红旗为衬托，上面绘有一种或几种农作物。

## 邮票解析

图4-1【麦】麦为禾本科，一年生或二年生草本。我国栽培的种类甚多，有小麦、大麦、燕麦、黑麦等，尤以小麦、大麦两种为最广。小麦是一种古老的粮食作物。考古学家发现，远在一万年前的原始时代，人类住在洞穴中时，就已把野生小麦当作食物了，他们用石块把麦粒捣碎，加水混合成麦糊，最初是生吃，后来才知道熟食。当人类还生活在史前时代，就已经种植小麦了。在古埃及的石刻中，以及希伯来人的经典中，已有栽植小麦的记载。最早的瑞士西部湖上古屋居民也曾栽培小麦。考古学家曾从埃及达什尔地方金字塔的砖上发现有小麦，同时在古埃及法老王的陵墓里木乃伊旁边发现有分枝小麦。可见，在距今五千年至一万年的远古时代，小麦已是人类的主要粮食作物了。我国的种麦史也很悠久，早在5000年前，神农氏教民种植五谷时，已把麦同稻、黍、粱、菽并列为重要的粮食作物。2000多年前西汉农艺家氾胜之就已总结了种麦之法，他写道："凡田有六道，麦为首种，麦种得时，无不善。"并记载了"存优汰劣"的选育良种的穗选法："取麦种，候熟可获，择穗大强者"收割下来，收藏好，"顺时种之，则收常倍"。

图4-2【稻】稻为禾本科，一年生草本。其类型和品种甚多，按地理分布、形

态特征、生理特征和品种亲缘关系的差异分籼稻、粳稻；按对光照长短的反应和生育期的长短分早稻、中稻和晚稻；按土壤水分的适应性分水稻、深水稻、陆稻；按米粒内淀粉的性质不同分粘稻和糯稻等。其米粒主要作粮食外，可酿酒、制淀粉。秆和米糠可作饲料和工业原料。在我国，大面积种植的栽培稻均为水稻，它是适宜于水田种植的基本类型。

**图4-3【棉花】**为锦葵科，一年生草本或多年生灌木，全株均有油腺。茎绿或紫色，分枝有营养枝和果枝两种。叶互生，掌状分裂。花乳白色、黄色或带紫色，开放后变色，蒴果，3～5裂。种子密生长纤维和绒毛。性喜温暖，适宜沙壤土。有中棉、草棉、陆地棉、海岛棉4种，其中以陆地棉在我国栽培最广，在世界上目前也广为栽培。其次是海岛棉，在我国云南还有它的联核木棉和离核木棉两个亚种。陆地棉和海岛棉纤维细长，可纺细纱。草棉的纤维细而短，产量低，我国西北河西走廊一带曾有栽培，而中棉的纤维粗而短，不能纺细纱，产量也低，但它抗虫力较强，过去分布很广，现已极少。总的看，棉的纤维可纺纱或做棉絮；棉籽可榨油供食用或工业用；油粕可作饲料或肥料；棉籽绒是制造火药、人造纤维和塑料的重要原料；茎的韧皮纤维可制绳或造纸。

**图4-4【大豆、花生、油菜】**这几种农产品均为油料作物，即指以榨取油脂为主要用途的一类作物。我国油料作物主要有大豆、花生、芝麻、向日葵、油菜子、油用亚麻、蓖麻、苏子、油用大麻等。另外，木本油料作物有油桐、乌桕、核桃、油茶、油橄榄等。其油脂可供食用或工业、医药用。

稻

大豆

# 国际劳动节

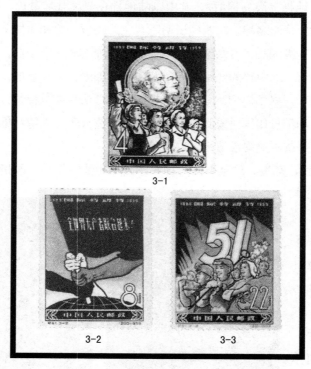

3-1

3-2          3-3

（纪61）

| | | | |
|---|---|---|---|
| 3-1 | （199）学习马列主义 | 4分 | 350万枚 |
| 3-2 | （200）全世界无产者联合起来 | 8分 | 700万枚 |
| 3-3 | （201）庆祝五一节 | 22分 | 250万枚 |

邮票规格：25.5 mm × 34.5 mm

齿孔度数：14度

整张枚数：90枚

版　　别：雕刻版

设计者：孙传哲

雕刻者：孙鸿年、孔绍惠、高品璋

印刷厂：北京人民印刷厂

全套面值：0.34元

## 知识百花园

　　1889年7月，世界各国工人运动领袖在恩格斯的领导和组织下，于巴黎召开的第二国际成立大会上，把每年的5月1日确定为国际劳动节。70年来，世界形势发生了巨大变化，工人运动有了蓬勃发展，其变化的最显著标志就是世界上的资本主义体系已被打开了缺口，占世界面积1/4、人口1/3以上的国家，已纷纷建立了社会主义制度；殖民地、半殖民地国家的民族解放运动高潮迭起；亚非拉人民争取民族独立、反对殖民主义的正义怒吼震撼全球；帝国主义的殖民体系正在分崩离析之中。

　　为纪念这一迅猛发展的国际工人运动和世界人民的解放斗争，展示我国劳动人民的雄姿和成就，邮电部发行了这套《国际劳动节》邮票。

## 邮票解析

　　图3-1【学习马列主义】邮票画面以簇拥着马克思、列宁浮雕像而奋勇向前的中国工人阶级队伍的形象，表达了学习马列主义的决心及在马列主义指引下胜利前进。

　　图3-2【全世界无产者联合起来】邮票画面以黑、黄、白三只大手共同把这面大旗插在地球上的形象，表达了全世界无产者联合起来的决心和意志，为实现共产主义而英勇斗争。

　　图3-3【庆祝五一节】邮票画面以簇拥着"5·1"字形健步行进的工农队伍的形象，表达了中华人民共和国工人阶级当家做主的喜悦及夺取更大胜利的信心。

# 中国少年先锋队建队十周年

发行日期：1959.11.10

（纪64）

6-1 （206）队徽　　　　4分　　　350万枚

6-2 （207）夏令营　　　4分　　　350万枚

6-3 （208）学习　　　　8分　　　700万枚

6-4 （209）科学研究　　8分　　　700万枚

6-5 （210）植树          8分          700万枚

6-6 （211）体育运动      8分          700万枚

邮票规格：22.5 mm×27 mm

齿孔度数：11.5度

整张枚数：100枚

版　　别：（6-1）雕刻版，（6-2至6-6）影写版

设计者：卢天骄、吴建坤

雕刻者：孔绍惠

印刷厂：北京邮票厂

全套面值：0.40元

## 知识百花园

　　1959年10月13日，为庆祝中国少年先锋队建队10周年，首都的少先队员在人民大会堂举行了隆重的纪念大会。当年担任共青团中央第一书记的胡耀邦同志发表了题为《预备队的任务》的讲话。你们现在的任务就是像党和毛主席所号召的"好好学习，天天向上"。第一应当学习知识；第二应当学习劳动；第三应当学习为人民服务的共产主义精神。讲话结束时，全场少先队员们响亮地回答："时刻准备着！"为此，邮电部于同年11月10日发行了这套邮票，以示对中国少年先锋队建队10周年的纪念。6幅画面分别反映了我国少先队员在德、智、体各方面茁壮成长的情况。

## 邮票解析

　　图6-1【队徽】　"少先队"队徽图案由一颗黄色的五角星和一把红色的火炬组成。五星象征着党的领导，火炬象征着光明和幸福，表明少先队员决心继承革命先辈的光荣传统，时刻准备做共产主义事业的接班人。

　　图6-2【夏令营】　它是利用暑假选择附近或郊外的场所为营地，组织学生开展各种丰富多彩而有意义的活动，从而使学生受到教育和锻炼的一种组织形式。

少先队通过夏令营活动，接受生动的社会主义思想政治教育，扩大知识面，锻炼身体，丰富假期生活。邮票画面即为一位少先队小号手，在晨曦中吹起嘹亮的号角，夏令营地顿时沸腾起来，一天的生活开始了。

图6-3【学习】中国少先队员的学习主要是在小学里进行的。邮票画面即为一位小学生手持鲜花，背着书包，兴致勃勃走出校门时的情景，表现出学好本领、建设祖国的信心。

图6-4【科学研究】少年儿童在科学的海洋里遨游，从小就热爱科学，学习科学，以便逐步具备将来参加祖国现代化建设的本领。国家在全国各地设有许多少年之家、少年科学技术指导站、少年科学技术馆等校外教育机构，以开展适合于少年儿童的科学技术活动，启发他们对科学技术的兴趣、爱好和创造精神，并指导他们从实践活动中获得有关科学技术方面的知识和技能。一般设有实验室、工厂和实习园地，并建立各种小组，如数学、无线电、航模、船模、气象、天文、水电、医疗、种植、饲养等。邮票画面即为气象小组的少先队员从雨量器中收集资料的场面，表现了少先队开展的丰富多彩的科技活动。

图6-5【植树】邮票画面为一位少先队员扛着树苗，呼唤着，参加植树时的情景。树苗茁壮，他们也随之成长，表现了对祖国山川的热爱和爱好劳动的品格。

图6-6【体育运动】中华人民共和国的教育方针是使受教育者在德育、智育、体育等几个方面都得到发展，成为有社会主义觉悟、有文化的劳动者。因此国家十分重视少年儿童的体育锻炼，除在校内安排有体育课程之外，还广泛设有青少年业余体校，以打好基础，练好身体，长大好接革命班。邮票画面为一位女孩正在滑冰的场面。

# 中华人民共和国成立十周年
## （第一组）

发行日期：1959.9.28

3-1

3-2　　　　　3-3

（纪67）

认识邮票中的民俗与节日

3-1 （215）中华人民共和国万岁，毛主席万岁　　8分　　800万枚

3-2 （216）马列主义万岁　　　　　　　　　　8分　　800万枚

3-3 （217）世界和平万岁　　　　　　　　　　22分　　250万枚

邮票规格：25.5 mm×35.5 mm

齿孔度数：11×11.5度

整张枚数：50枚

版　别：影写版

设计者：张光宇、邱陵、陈汉民、钟灵、张仃、周令钊

版图绘制：孙传哲

印刷厂：北京邮票厂

全套面值：0.38元

## 知识百花园

为庆祝中华人民共和国成立10周年，邮电部发行了5组纪念邮票。此套为第一组。

## 邮票解析

**图3-1【中华人民共和国万岁，毛主席万岁】**画面以祥云缭绕的天安门和毛泽东头像为主图，表达了中国人民对毛泽东的敬仰。

**图3-2【马列主义万岁】**画面以飘扬着苏联、阿尔巴尼亚、罗马尼亚、波兰、捷克斯洛伐克、匈牙利、保加利亚、德意志民主共和国、中国、朝鲜、蒙古、越南等12个社会主义国家旗帜的克里姆林宫和马克思、列宁的头像为主图，反映出以苏联为首的社会主义阵营已经形成。

**图3-3【世界和平万岁】**画面以不同肤色的巨手共同托着同一个地球和衔着橄榄枝叶的和平鸽为主图，表达了人类对和平的渴望以及团结起来，为维护世界持久和平共同奋斗的意志。

# 中华人民共和国成立十周年
## （第二组）

发行日期：1959. 10. 1

（纪68）

4-1 （218）国徽　　4分　　600万枚

4-2 （219）国徽　　8分　　1000万枚

4-3 （220）国徽　　10分　　400万枚

4-4 （221）国徽　　20分　　400万枚

邮票规格：28 mm×46 mm

齿孔度数：14度

整张枚数：24枚

版　别：胶版

设计者：孙传哲

印刷厂：北京人民印刷厂

全套面值：0.42元

## 知识百花园

　　1949年10月1日，毛泽东在天安门城楼上，向全世界庄严宣布："中华人民共和国中央人民政府成立了！"此刻，万众欢腾，群情激奋。人们崇敬地仰望着中华人民共和国第一面五星红旗在天安门广场徐徐升起。在中华人民共和国代国歌《义勇军进行曲》的雄壮演奏声中，无数人激动得热泪盈眶。然而，遗憾的是，在天安门广场和天安门城楼上却没能悬挂上国徽。因为，国徽还没有正式诞生。在天安门城楼上，只悬挂着两幅标语："中华人民共和国万岁！中央人民政府万岁！"直到1950年6月23日，在毛泽东主持下，中华人民共和国政协第一届二次会议通过了清华大学设计的国徽图案。其内容为国旗、天安门、齿轮和麦稻穗，象征中国人民自五四运动以来的新民主主义革命斗争和工人阶级领导的以工农联盟为基础的人民民主专政的中华人民共和国的诞生。1950年9月20日，距国庆节只有10天的时间，毛泽东主席签署了中央人民政府命令，向全国以及全世界宣布了中华人民共和国国徽的诞生。至此，中华人民共和国的国旗、国徽、国歌、国都、纪年全部诞生了。

　　值此中华人民共和国十年大庆之际，邮电部发行的这套第二组纪念邮票，4幅画面均以国徽为图案，象征着中华人民共和国的尊严和神圣。

天安门

# 中华人民共和国成立十周年
## （第三组）

发行日期：1959.10.1

（纪69）

| | | | |
|---|---|---|---|
| 8-1 | （222） 钢铁 | 8分 | 1000万枚 |
| 8-2 | （223） 煤炭 | 8分 | 1000万枚 |
| 8-3 | （224） 机械制造 | 8分 | 1000万枚 |
| 8-4 | （225） 交通运输 | 8分 | 1000万枚 |
| 8-5 | （226） 农业 | 8分 | 1000万枚 |
| 8-6 | （227） 水利电力 | 8分 | 1000万枚 |

8-7 （228）纺织工业　　8分　　1000万枚

8-8 （229）化学工业　　8分　　1000万枚

邮票规格：26 mm×35.5 mm

齿孔度数：11×11.5度

整张枚数：50枚

版　　别：影雕版

设计者：钟灵、邱陵、陈汉民、张仃、张光宇、周令钊

版图绘制：孙传哲

雕刻者：高品璋

印刷厂：北京邮票厂

全套面值：0.64元

---

### 知识百花园

　　这套邮票为庆祝中华人民共和国成立10周年发行的系列邮票第三组，以8幅画面反映了中华人民共和国10年的社会主义建设成就。画面设计格式统一，均为四角祥云一朵，底部为天安门，中间主图分别为工农业各条战线上的辉煌成就。

---

### 邮票解析

　　**图8-1【钢铁】**钢铁是工业的基础。在旧中国，全国钢铁产量最高的1943年也只有钢92万吨，铁180万吨。而中华人民共和国成立仅仅10年，钢的年产量已为它的十多倍，1959年铁产量为2300万吨，也是它的十多倍。与之相配套的采矿选矿工业也得到了飞快发展。邮票画面以钢花飞溅，铁水奔流的场面，表现了我国钢铁工业的发展。

　　**图8-2【煤炭】**煤炭是工业的粮食。1959年达到33500万吨，为1942年的5.5倍，成绩巨大，实为惊人。邮票画面为煤矿竖井沸腾的生产场面，表现了我国煤炭工业的发展。

　　**图8-3【机械制造】**机械制造是国家工业化水平和程度的重要标志。中华人民

共和国成立后非常注意机械制造业的发展，采用新技术，运用新工艺，在新的生产线上增加大中型和精密产品的品种和数量，生产出标志我国工业新水平和劳动技术新发展的产品，取得显著成果。1959年，我国生产出的金属切削机床已达70000多台，邮票画面以武汉机械厂生产的大型龙门刨床正在加工巨型工件的场面，表现了我国机械制造业的发展。

图8-4【交通运输】交通运输是国民经济的动脉，是物质生产的必要条件。中华人民共和国成立10年间，全国的交通运输有很大的发展。1958年，铁路通车里程达31000多千米，公路通车里程达40多万千米，内河航运已有15万多千米通航，民用航路达到33000千米。邮票画面描绘了武汉长江大桥及其上下各种交通工具的忙碌场面。

图8-5【农业】农业是国民经济的基础。中华人民共和国采取各种有效手段大力发展农业。1958年全国粮食总产量已达7500亿斤，是旧中国最高年产量即1936年2774亿斤的2.7倍。1959年虽然全国各地普遍遭受水旱灾害，但仍达到5500亿斤。国家十分重视农机制造，强调农业的根本出路在于机械化。1959年全国拖拉机已生产出3000台，谷物联合收割机2100台。邮票画面描绘联合收割机在滚滚麦浪中工作的场面。

图8-6【水利电力】电力是工业的神经。水电是电力工业的主要部门。1959年全国发电已达400多亿度，并且还有184座电站当年正在全国各地加紧建设施工中，以满足飞速发展的社会主义建设之需。邮票画面描绘了正在施工中的新安江水电站拦河大坝的繁忙现场。

图8-7【纺织工业】中华人民共和国成立10年来，我国纺织工业已发展成为一个生产规模相当可观、行业门类逐步齐全的工业部门。1957年，棉纱生产已达820万件，1958年棉布产量已达57亿米，并且原料、设备基本立足于国内。1958年全国棉花产量达到6700万担，纺织原料自给程度居于世界前列。产品的花色、品种和质量水平也都有很大发展。邮票画面描绘了一架大型精纺机正在运作的场面。

图8-8【化学工业】化学工业作为我国新兴工业部门，到1957年，全国生产化肥63万吨，1958年增至81万吨（均不包括硝酸铵），从而有力地支持了农业。与此同时，又通过引进设备、技术，建设了保定人造丝厂，学会了建设黏胶纤维工厂的技术，在解决众多人口穿衣问题上下功夫。邮票画面描绘了吉林化肥厂的外观。

# 中华人民共和国成立十周年
## （第四组）

发行日期：1959.10.1

3-1

3-2                    3-3

（纪70）

3-1 （230）举国欢庆　　8分　　　1000万枚

3-2 （231）举国欢庆　　10分　　　400万枚

3-3 （232）举国欢庆　　20分　　　250万枚

邮票规格：（3-1）42.5 mm×31 mm；（3-2、3-3）31 mm×42.5 mm

齿孔度数：14度

整张枚数：20枚

版　别：胶版

设计者：周令钊

印刷厂：北京人民印刷厂

全套面值：0.38元

## 知识百花园

　　这套中华人民共和国成立10周年系列邮票第四组，在3幅邮票画面的设计上，运用了民族传统艺术形式，以渲染喜庆的气氛。

## 邮票解析

　　图3-1【举国欢庆】邮票画面以天安门为背景，描绘了全国各族人民在天安门广场上载歌载舞，热烈欢庆的场面，反映了全国人民的无限喜悦和幸福生活。

　　图3-2【举国欢庆】邮票画面以耸立的炼铁高炉和运煤的列车为背景，描绘了一队工人手持鲜花和工业产品热烈欢庆的场面，表现了工人阶级增加生产，用丰硕的劳动成果向国庆10周年献礼的决心。

　　图3-3【举国欢庆】邮票画面以茁壮的庄稼和粮棉为背景，描绘了农民和解放军战士、知识分子和少先队员，手持鲜花和农产品热烈欢庆的场面，表现了我国农业的蓬勃发展及以丰收向国庆10周年献礼的决心。

# 中华人民共和国成立十周年
## （第五组）

发行日期：1959.10.1

1-1

（纪71）

1-1 （233）开国大典　　20分　350万枚

邮票规格：52 mm×33 mm

齿孔度数：14度

整张枚数：48枚

版　别：雕刻版

设计者：唐霖坤

雕刻者：唐霖坤

印刷厂：北京人民印刷厂

全套面值：0.20元

  这枚邮票画面是依据我国著名油画大师董希文创作的油画《开国大典》进行设计的，由雕刻制版大师唐霖坤先生主刀。该画以纪实的手法，记录下了那个永恒的历史时刻，将众多开国元勋的光辉形象和新生共和国的蓬勃朝气定格在这幅历史画卷内。发行以后，这枚邮票被评为"中华人民共和国30年最佳邮票"，受到全国人民和广大集邮爱好者的青睐。

  这枚邮票的原画完成于1953年，历经三次修改。第一次是1954年"高饶反党联盟"事件发生，高岗的形象从油画上抹去。第二次是"文革"期间将刘少奇修掉。第三次是党的十一届三中全会以后，为了重现被颠倒的历史，决定恢复这幅画的原貌。此时画家早已辞世，临摹修改工作由中央美院院长、油画大师靳尚谊主持。还原后的画面人物站在毛泽东身后的第一排是6位中央人民政府的副主席。即朱德、刘少奇、宋庆龄、李济深、张澜、高岗；第二排为周恩来（能看清者）、董必武（仅露半张脸）、陈叔通和郭沫若；第三排为林伯渠（其余看不清）。这幅画同原来修改过的两幅画，现在都保存在中国历史博物馆，成了历史的见证。

国庆10周年庆典时的天安门之夜

# 全国工业交通展览会

2-1　　　　　　　　2-2

（纪73）

2-1 （250）会徽及交通工具　　4分　　　400万枚

2-2 （251）会徽及机器生产　　8分　　　800万枚

邮票规格：22 mm × 27 mm

齿孔度数：11.5度

整张枚数：100枚

版　　别：雕刻版

设计者：卢天骄

雕刻者：孔绍惠、孙鸿年

印刷厂：北京邮票厂

全套面值：0.12元

　　继1958年10月在北京的苏联展览馆（现北京展览馆）举办了第一次全国工业交通展览会之后，为展示中华人民共和国成立10年来工交战线上所取得的成就，于1959年12月在这里又举办了第二次全国工业交通展览会。

　　为庆祝展览会的举办，邮电部再次发行纪念邮票。主图均以建设成就为背景，描绘了这次展览会的会徽。其图案由一个巨型齿轮与钢水罐组成，象征着党在过渡时期的总路线指引下，以钢为纲，全面发展国民经济的含义。

## 邮票解析

　　图2-1【会徽及交通工具】中华人民共和国成立10年来，全国交通事业发展很快，3.1万多千米的铁路，40多万千米的公路网，3.3万多千米的民用航线，15万多千米的内河航道，构成了通往全国各个角落的大动脉，形成了我国城乡交流和工农联盟的经济纽带。邮票画面即以各类交通工具和桥梁，表现了中国交通通信事业的发展。

　　图2-2【会徽及机器生产】中华人民共和国成立10年来，全国机械制造业发展迅速，这次展出的有全部自动化的六轴机床，带"预选"装置的六角机床和组合机床，高速龙门刨床，电脉冲成型穿孔机床以及10万倍的电子显微镜，感量百万分之一克的天平，250千瓦的强功率发射管等产品，都标志着中国机器工业的先进水平。邮票画面即以工厂厂房和机床，表现了中国机器制造业的发展。

北京展览馆

# 中苏友好同盟互助条约签订十周年

发行日期：1960.3.10

3-1

3-2

3-3

（纪75）

3-1 （255）互助合作　　4分　　500万枚

3-2 （256）友好同盟　　8分　　800万枚

3-3 （257）保卫和平　　10分　　300万枚

邮票规格：25 mm×35 mm

齿孔度数：11.5×11度

整张枚数：50枚

版　　别：（3-2）影雕版、（3-1、3-3）影写版

设计者：卢天骄

雕刻者：高品璋

印刷厂：北京邮票厂

全套面值：0.22元

---

## 知识百花园

发行这套纪念中苏友好同盟互助条约签订10周年邮票，一是表现了我国顾全大局，采取克制态度，正确对待这项条约的签订；二是表现中苏两国人民之间的友谊，这是值得纪念和珍惜的。

---

## 邮票解析

图3-1【互助合作】邮票画面以起重机的巨臂和升空的火箭为背景，描绘了中苏两国工人并肩而立的场面，表现了两国工人阶级亲密的友谊及为共产主义事业奋斗的意志。

图3-2【友好同盟】邮票画面以中苏两国国旗连在一起为背景，描绘了两国之间山水相连，唇齿相依，表现了两国人民的紧密团结和具有共同的命运和利益。

图3-3【保卫和平】邮票画面以中苏两国首都的典型建筑物为背景，描绘了苏联红军和中国人民解放军战士并肩而立的场面，表现了两国部队的战斗团结及共同维护捍卫世界和平的决心。

# 三八国际劳动妇女节五十周年

发行日期：1960.3.8

（纪76）

4-1 （258）三八国际劳动妇女节创始人克拉拉·蔡特金　4分　　500万枚

4-2 （259）保卫母亲、保卫儿童　　　　　　　　　　　8分　　800万枚

4-3 （260）妇女参加社会主义建设　　　　　　　　　10分　300万枚

4-4 （261）世界妇女大团结　　　　　　　　　　　　22分　250万枚

邮票规格：23 mm×32.5 mm

齿孔度数：11.5×11度

整张枚数：50枚

版　　别：影写版

设计者：万维生

印刷厂：北京邮票厂

全套面值：0.44元

### 知识百花园

邮电部发行这套纪念邮票，以4幅画面描绘了中国以及世界妇女的形象，图案以白色作底，人物简洁、明了、生动，表达了50年来妇女运动的主题。

### 邮票解析

图4-1【三八国际劳动妇女节创始人克拉拉·蔡特金】国际社会主义妇女运动的著名领导人，第二国际左派领袖，德国共产党的创始人之一。国际劳动妇女节是与她的名字联系在一起的，正是这位杰出的国际无产阶级妇女运动的倡导人和领导者，在1910年于哥本哈根召开的第二次国际社会主义妇女代表大会上，建议把3月8日作为国际妇女节，并获得大会通过。蔡特金从1921年起直到1933年逝世，一直担任共产国际妇女局书记，为无产阶级妇女解放事业竭尽全力，建立了非凡的功绩。全世界的劳动妇女永远尊敬和怀念她。邮票画面即为蔡特金的头像，神采奕奕，饱经风霜，表现了她的坚定、慈爱和顽强。

图4-2【保卫母亲、保卫儿童】这是国际妇女运动的主题之一。为此，1952年4月12日至16日，在奥地利首都维也纳召开了国际保卫儿童大会，包括中国在内的60多个国家的500多名代表参加了会议，通过了各项有关保卫儿童的决议，号召全世界人民团结起来，为争取儿童的生存和健康成长而斗争。紧接着，又根据1954年

11月在柏林举行的国际民主妇女联合会执行局会议的建议，于1955年7月7日至10日在瑞士洛桑召开了世界母亲大会，参加大会的有苏联、中国、印度、美国等66个国家的1200多位代表。大会就反对战争、保护儿童、争取裁军和国际友好等问题进行了讨论，通过了《给四大国政府首脑会议的信》和《致联合国呼吁书》，并决定成立国际母亲常设委员会。大会号召全世界母亲们团结起来，反对战争，保卫和平。邮票画面即以一位怀抱鸽子、背负儿童的母亲形象，表达了人类渴望和平、保护母亲和儿童的理想。

图4-3【妇女参加社会主义建设】妇女解放的重要标志之一，就是妇女有劳动和工作的权利，对此，我国宪法已做出明确规定。在中华人民共和国的社会主义建设事业中，广大劳动妇女在各条战线上做出了巨大的贡献和牺牲，创造出无数业绩和成就，涌现出许多先进集体和模范人物，用实际行动顶起了"半边天"。仅1960年三八妇女节之际，全国就选拔出"三八红旗手"10000名以及大批"三八红旗集体"，受到党和政府的表彰奖励。邮票画面即以一位女拖拉机手被评为"红旗手"的形象，表现了中国劳动妇女参加国家建设的积极和踊跃。

图4-4【世界妇女大团结】1945年12月1日，在巴黎成立了国际民主妇女联合会这一国际性民主妇女组织，从而，有力地加强了世界各国妇女之间的联系和友谊，为争取世界和平，保卫妇女和儿童权利，支援殖民地和附属国妇女的解放而共同斗争。1947年，由它发起成立了保卫妇女权利国际委员会，1953年又发起一个广泛保卫妇女权利的运动。对于促进世界妇女大团结，进行国际妇女联合行动发挥了积极作用。邮票画面即以中国妇女与各国妇女并肩而立的形象，表达了我国亿万劳动妇女与其他国家的妇女紧密团结，在国际妇女运动中奋力工作的意志。

蔡特金像

# 中国文学艺术工作者
# 第三次代表大会

发行日期：1960. 7. 30

（纪81）

2-1 （271）文艺为工农兵服务       4分       300万枚

2-2 （272）百花齐放、百家争鸣     8分       540万枚

邮票规格：25.5 mm×34.5 mm

齿孔度数：11.5×11度

整张枚数：50枚

版　别：（2-1）影写版、（2-2）影雕版

设计者：钟灵、邵柏林、周令钊、陈若菊

版图绘制：万维生、刘硕仁

雕刻者：唐霖坤

印刷厂：北京邮票厂

全套面值：0.12元

## 知识百花园

第三次全国文代会于1960年7月22日至8月13日在京召开。大会由郭沫若致开幕词和闭幕词。陆定一代表中共中央和国务院向大会致祝词，周恩来做了重要讲话，陈毅、李富春分别做了报告。

这次文代会是中国文艺界的一个里程碑，根据会议研究讨论和总结部署的问题和工作，1961年中宣部形成了《关于当前文学艺术工作的意见（草案）》，即《文艺十条》，次年修改成《文艺八条》，在文艺界执行。

为祝贺第三次全国文代会的召开，在会议期间，邮电部发行了这套邮票。共两幅画面。

## 邮票解析

图2-1【文艺为工农兵服务】邮票画面以一面缀满鲜花的旗帜，上绣工农兵头像，以此象征我国文艺为工农兵服务的目标、任务和方向。

图2-2【百花齐放、百家争鸣】邮票画面主图为一方朱红篆刻印章，上书"百花齐放，百家争鸣"8字，系生前在北京琉璃厂荣宝斋工作的我国著名篆刻家徐之谦创作。章法舒展，气势纵横，疏密适度，痛快淋漓。

北京琉璃厂街景

# 中国共产党成立四十周年

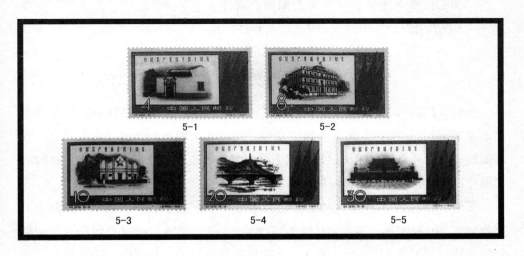

5-1     5-2

5-3     5-4     5-5

（纪88）

| | | | |
|---|---|---|---|
| 5-1 （287）第一次党代会会址 | 4分 | 500万枚 |
| 5-2 （288）南昌"八一"大楼 | 8分 | 800万枚 |
| 5-3 （289）中央大礼堂（瑞金） | 10分 | 400万枚 |
| 5-4 （290）延安宝塔山 | 20分 | 300万枚 |
| 5-5 （291）北京天安门 | 30分 | 150万枚 |

邮票规格：48.5 mm×26.5 mm

齿孔度数：11.5度

整张枚数：50枚

版　别：影写版
设计者：孙传哲
印刷厂：北京邮票厂
全套面值：0.72元

知识百花园

　　邮电部发行的这套纪念邮票，5幅画面均以具有伟大历史意义的建筑物为主图。图案以金色作边框，并在右侧树立着社会主义建设的"总路线""大跃进""人民公社"这三面红旗，具有时代特征。

邮票解析

　　图5-1【第一次党代会会址】党的"一大"会址坐落在上海兴业路76号（原望志路106号），中华人民共和国成立后，经过多次调查和修整，恢复了它的本来面貌，正面开有四扇门。这枚邮票上的图案乃是根据解放初期尚未修复时的房屋照片设计的，因此与实际面貌截然不同。

　　图5-2【南昌"八一"大楼】旧址大楼的前身是江西大旅社，4层。邮票画面上为3层，为1枚错票。该大旅社建于1922年，1923年竣工。它是当时南昌最大最好的旅社。1927年7月下旬，准备起义的部队集结南昌，将江西大旅社包租下来作为起义的总指挥部。27日，领导起义的中共前敌委员会在大旅社一楼喜庆礼堂成立。起义军离开南昌后，这里仍是旅社。抗战期间被日军作为军官度假中心。1949年以后，这里作为省政府的交际处。50年代初，成为江西省博物馆。1956年南昌市革命遗址恢复整理办公室设在这里，并将恢复整理这座大楼作为一项主要工作。1957年正值中国人民解放军建军30周年，便把博物馆迁出，在这里成立了八一起义纪念馆，并举行了内部展出，受到多方面的好评。1959年，八一起义纪念馆便正式对外开放。

　　图5-3【中央大礼堂（瑞金）】红一方面军第三次反"围剿"胜利后，赣南、闽西革命根据地连成一片，形成了以瑞金为中心，包括21个县城，面积5万平方千米，人口250万的中央革命根据地。到1931年秋，各地工农红军和革命根据地有了

迅速的发展，普遍建立了各级工农民主政权。11月7日至20日，在江西瑞金叶坪村的谢氏祠堂召开了全国第一次工农兵代表大会，到会的有各红色区域、白区和红军代表600余人。大会讨论通过了中华苏维埃共和国的《宪法大纲》《劳动法》《土地法》《关于经济政策的决定》等重要文件，选出毛泽东、周恩来、朱德、项英、刘少奇等63人为委员的中央执行委员会，毛泽东为主席，朱德为红军总司令，成立了中华苏维埃共和国中央临时政府。大会结束后，这里即为临时政府的总办公厅。

图5-4【延安宝塔山】地处陕北高原延河中游的延安，海拔800～1300米。这里盛产谷子、糜子和小麦，还有油菜、甜菜、小麻和烤烟。经济林木有苹果、核桃、红枣和木瓜。中草药资源丰富。最有代表性的建筑是延河岸边的那座9层44米高的巍巍宝塔，屹立在小山上分外壮观。1935年10月中央红军长征后到达陕北，1936年到1948年，延安和陕甘宁边区即成为中共中央所在地，延安宝塔山便成为革命的象征。

图5-5【北京天安门】中华人民共和国首都北京，是我国历史悠久的城市和古都之一。它最初见于记载的名字叫作蓟。春秋战国时代，它成为燕国的都城。10世纪初，辽代建为陪都，称南京，又名燕京。12世纪中叶，金朝建都于此，称中都。此后，元、明、清和民国初年都定都北京，前后近800年。1928年改称北平。1949年中华人民共和国成立，复称北京。这里的名胜古迹、历代建筑触目皆是，既表现着中国的文化和传统，也体现着劳动人民的智慧和才能。但最重要的还是北京天安门，它是举世公认的中华人民共和国的象征。

天安门

# 庆祝非洲自由日

发行日期：1964.4.12

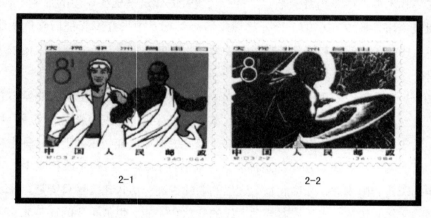

2-1　　　　　　　　　　　　2-2

（纪103）

2-1 （340）中非友好　　　8分　　　500万枚

2-2 （341）战鼓　　　　　8分　　　500万枚

邮票规格：36.5 mm × 26 mm

齿孔度数：11度

整张枚数：50枚

版　别：影写版

设计者：孙传哲

木刻作者：江粖

印刷厂：北京邮票厂

全套面值：0.16元

非洲是阿非利加州的简称，位于东半球西南部，赤道横贯中央。东临红海和印度洋，西濒大西洋，北隔地中海和欧洲相望，东北隅以狭长的红海与苏伊士运河紧邻亚洲。面积（包括附近岛屿）共3029万平方千米，约占世界陆地总面积的20%，仅次于亚洲，为世界第二大洲。非洲大陆北宽南窄，像一个不等边的三角形，南北最长约8000千米，东西最宽约7500千米，海岸线较平直，港湾不多。全境处于起伏不大的高原，平均海拔750米，西北有阿特拉斯山脉，东南有德雷肯斯堡山脉。较大的盆地有东北部的尼罗河盆地、中部偏西的乍得湖盆地和中部的刚果盆地。较大的湖泊有坦噶尼喀湖、尼亚萨湖和维多利亚湖。主要的河流有尼罗河，长6500千米，是非洲第一大河，尼罗河流域是世界文明发源地之一。其次是刚果河、尼日尔河、赞比西河和奥伦治河。北部的撒哈拉大沙漠是世界上最大的沙漠。非洲是热带大陆，3/4的土地处于太阳垂直照射之下，气温高，干燥少雨。非洲的矿藏资源丰富，南非的黄金和铀、扎伊尔的金刚石、赞比亚的铜、几内亚的铝土矿和北非的磷酸盐，在世界上都占有重要地位。经济作物有可可、花生、咖啡、棉花、棕榈油、剑麻和丁香等。主要粮食作物有玉米、高粱、谷子和薯类，其次是小麦、大麦和稻谷。非洲人主要属于两大种族，即黑色人种和欧罗巴人种。黑色人种分布在撒哈拉以南，约占居民的2/3，其中又可分为苏丹族和班图族两大系统。欧罗巴人种，通称阿拉伯人，居住在北非和撒哈拉地区。此外还有埃塞俄比亚人种、马尔加什人种以及混血人种等。

在"非洲自由日"诞生6周年之际，邮电部发行了这套纪念邮票，表达了中国人民对非洲人民民族解放运动的支持。

## 邮票解析

图2-1【中非友好】邮票画面即以并肩前进在朝霞辉映里的中、非工人为主图，表现了中非的战斗友谊和非洲的崛起。

图2-2【战鼓】邮票画面即以非洲人猛击非洲鼓的壮烈场面，表现了波澜壮阔的武装斗争和非洲的怒吼。

# 第一国际成立一百周年

发行日期：1964. 9. 28

1-1

（纪107）

1-1 （348）马克思和恩格斯像、红旗、伦敦圣马丁堂外景　　8分　500万枚

邮票规格：27.5 mm×48 mm

齿孔度数：11.5度

整张枚数：40枚

版　别：影写版

设计者：钟灵、孙传哲

印刷厂：北京邮票厂

全套面值：0.08元

19世纪60年代初，随着世界各国资本主义的发展以及1857年开始的世界经济危机，英、法、德等国的工人运动日益高涨，加强无产阶级国际团结的要求日益迫切。1863年波兰人民反对沙皇殖民统治，争取民族独立的斗争，直接促进了"国际"的诞生。同年4月，为了声援波兰人民的起义和抗议沙皇对波兰民族解放运动的血腥镇压，英、法两国工人在英国伦敦举行了声援波兰的群众大会。后来英国工人向巴黎工人发出一封信件，呼吁联合斗争，使资产阶级不能利用国际工人阶级的一部分去反对另一部分。这封信受到法国工人的热烈欢迎和响应，法国工人派代表携带复信到了伦敦。1864年9月28日晚，在英国伦敦的圣马丁堂举行了群众大会，欢迎法国工人代表团。英、法、德、意、波兰和瑞士的几百名工人和民主派流亡者参加了大会。马克思作为德国工人的代表，和法国工人代表、英国职工会领袖以及其他各国派来的革命民主主义者一起，坐在会议的主席台上。大会决定成立国际工人协会（即第一国际）以代表他们的一致利益，并把马克思也选进了总委员会。

1870年，恩格斯在伦敦被选入第一国际总委员会，和马克思一起领导国际工人运动。

马克思和恩格斯在领导第一国际的成长发展中，同各种各样的机会主义者和分裂投降派进行了不间断的斗争。1871年3月18日巴黎公社的光辉历程，证明了马克思和恩格斯为第一国际所制定的路线和任务是完全正确的。巴黎公社失败后，国际总委员会迁往纽约。与此同时，第一国际在欧美17个国家和地区建立的支部大多数遭到破坏，为了适应变化了的形势，根据马克思的建议，1876年7月15日，第一国际在美国费城召开会议，宣告解散。第一国际完成了自己的使命，随之而来的是世界各国工人运动无比壮大的时代，即工人运动广泛发展的时代，各民族国家内相继成立的群众性的社会主义工人政党的时代。

马克思是国际工人协会的"灵魂"，这是毫无疑问的。几乎所有经总委员会通过的纲领性文件，都是马克思的手笔。协会代表大会决议中具有深远历史意义的部分，都体现了马克思和恩格斯的意志。恩格斯说："叙述马克思在国际中的活动，就等于编写这个协会本身的历史。"因此，在第一国际成立100周年之际，邮电部发行的这套纪念邮票，即以马克思和恩格斯的头像为主图，衬以国际共产主义运动旗帜。邮票画面下方的建筑物，把国际成立时的圣马丁堂（英国伦敦的一个音乐厅的礼堂）错画成圣马丁教堂，为一失误。

# 中华人民共和国成立十五周年

发行日期：1964.10.1、1964.10.20（M）

（纪106）

（纪106 小全张）

| 3-1 | （345）中国共产党万岁 | 8分 | 840万枚 |
| 3-2 | （346）庆祝中华人民共和国成立十五周年 | 8分 | 630万枚 |
| 3-3 | （347）毛主席万岁 | 8分 | 630万枚 |

小全张　中华人民共和国成立十五周年　　　　　　　24分　　4万枚

邮票规格：31 mm×52 mm

小全张规格：154 mm×114 mm、其中邮票尺寸：93 mm×52 mm

齿孔度数：11.5度

整张枚数：50枚（3种横式联印）

版　　别：影写版

设计者：卢天骄

印刷厂：北京邮票厂

全套面值：0.24元

小全张面值：0.24元

---

### 知识百花园

在中华人民共和国成立15周年之际，邮电部发行了这套纪念邮票，以3枚联印的形式，渲染了举国同庆的热烈气氛，并发行了一枚小全张，使这种欢快的场面更为壮观。

---

### 邮票解析

图3-1【中国共产党万岁】邮票画面在一片欢腾中，以醒目的位置，突出了"中国共产党万岁"的大字标语，表达了全国人民对党的热爱。

图3-2【庆祝中华人民共和国成立十五周年】邮票画面展示了高高飘扬的五星红旗和天安门的雄姿，表达了全国人民对中华人民共和国和首都北京的热爱。

图3-3【毛主席万岁】邮票画面在一片欢腾中，以醒目的位置，突出了"毛主席万岁"的大字标语，表达了全国人民对领袖的热爱。

小全张【中华人民共和国成立十五周年】画面以全套3枚邮票为主图，每枚邮票相连处未打齿孔，使整个图案融为一体，构成了以迎风招展的国旗和雄伟壮丽的天安门居中，左、右为振臂欢呼的人群相对称的场面。彩旗飘飘，祥云朵朵，五颜六色的气球布满空中，为一幅气氛浓郁的国庆欢乐图。尤其值得注意的是：总路线、大跃进、人民公社这"三面红旗万岁"的大字条幅，正随风飘荡，具有典型的时代色彩。

# 万隆会议十周年

发行日期：1965.4.18

（纪110）

2-1　（354）万隆会议会场外景　　8分　　500万枚

2-2　（355）亚非人民欢庆团结　　8分　　500万枚

邮票规格：26.5 mm×36 mm

齿孔度数：11.5×11度

整张枚数：50枚

版　别：影写版

设计者：万维生

印刷厂：北京邮票厂

全套面值：0.16元

万隆会议即亚非会议，于1955年4月18日至24日，在印度尼西亚的万隆召开，它是从殖民主义压迫下取得独立的亚非国家，首次在没有殖民国家参加的情况下，讨论与亚非人民切身利益有关问题的大规模国际会议。会议由印尼、印度、缅甸、巴基斯坦、锡兰（今斯里兰卡）等5国发起，参加会议的还有中国、柬埔寨、埃及、阿富汗、埃塞俄比亚、黄金海岸（今加纳）、伊朗、伊拉克、日本、约旦、老挝、黎巴嫩、利比里亚、利比亚、尼泊尔、菲律宾、沙特阿拉伯、苏丹、叙利亚、泰国、土耳其、越南民主共和国、南越和也门等共29个亚非国家政府代表团。

万隆会议广泛讨论了政治、经济、文化等各方面的问题，对亚非各国利害攸关的许多问题彼此交换了意见，如有关民族主权和反殖民主义斗争的问题，与会各国的经济与文化合作问题等，是亚非各国增进了解、增进友谊、共同行动的会议。会议反映了占世界人口半数以上反对殖民主义，要求和平共处，增进亚非各国团结的愿望。会议的举行和成就表明帝国主义任意摆布亚非人民的时代一去不复返了。会议所反映的亚非和全世界人民要求民族独立与和平共处的愿望，人们称之为"万隆精神"。为纪念这次历史性会议，邮电部发行了这套邮票。以两幅画面再现了10年前这次伟大的会议，表达了亚非人民对万隆会议精神的热爱和尊重。

## 邮票解析

图2-1【万隆会议会场外景】万隆位于印尼爪哇岛的西部，距首都雅加达180千米，是一座风光秀丽、气候宜人的避暑胜地。万隆会议即在这里的"独立大厦"举行。这座建筑物记载着第二次世界大战后，印尼的优秀儿女在这里抗击美、荷殖民联军的光荣历史，上面曾滴洒过为争取民族独立的战士们的鲜血。邮票画面即为这座白色建筑物，在彩旗飘舞中，更为庄严而神圣。

图2-2【亚非人民欢庆团结】万隆会议为亚非人民确立了团结一致，反对帝国主义和殖民主义，争取和维护民族独立的目标，提出了加强亚非团结和保卫世界和平的任务。会后，亚非各国人民遵循十项原则，加强团结，和平共处，友好合作，取得了巨大成果。邮票画面即为亚非人民欢庆团结胜利的热烈场面，"打倒帝国主义"，"打倒殖民主义"，共祝"亚非团结万岁！"

# 中国登山运动

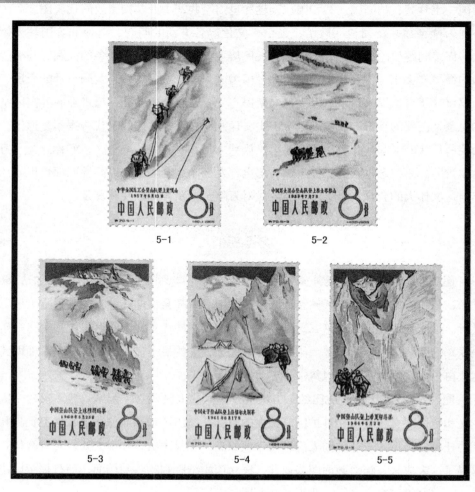

（特70）

5-1 （401）登上贡嘎山　　　　　8分　　　600万枚

5-2 （402）登上慕士塔格峰　　　8分　　　600万枚

5-3 （403）登上珠穆朗玛峰　　　8分　　　600万枚

5-4 （404）登上公格尔九别峰　　8分　　　600万枚

5-5 （405）登上希夏邦马峰　　　8分　　　600万枚

邮票规格：27.5 mm×48 mm

齿孔度数：11.5×11度

整张枚数：50枚

版　　别：影雕版

设计者：万维生

雕刻者：孙鸿年、孔绍惠、高品璋

印刷厂：北京邮票厂

全套面值：0.40元

## 知识百花园

　　为宣传我国登山运动的巨大成就，邮电部发行了这套《中国登山运动》特种邮票。5幅画面表现出中国登山运动员勇敢攀登的艰险历程。

## 邮票解析

　　图5-1【登上贡嘎山】贡嘎山又称贡嘎山，是横断山脉中大雪山的主峰。大雪山在四川省西部康定、石棉、九龙、泸定和雅江县之间，南北长约200千米，东西宽约100千米，呈南北走向，是大渡河和雅砻江的分水岭。主峰贡嘎山在康定市南面，海拔7590米，不仅是横断山脉的最高峰，也是青藏高原以东的最高峰，当地藏族人民称它为"山中之王"。贡嘎山，在藏语中意为"白色冰山"。这里由于受东南季风的影响，水分较多，形成海洋性冰川。据统计，以贡嘎山主峰为中心沿着山谷呈放射状的冰川有110多条，总面积290多平方千米。其中，规模最大的是海螺冰川，大约15千米长，它从海拔7500多米一直下伸到海拔2800多米的地方。海螺冰川

有5千米深入森林区。

由于这里气候复杂，地形高低悬殊，河谷地区受第四纪冰川影响较小，因此，动植物多种多样，第三纪时的一些古老动物和植物在这里有生存，生长着多种云杉、冷杉和铁杉，成为杉木生长的中心。茂密的原始森林中，有珍贵的金丝猴、扭角羚和小熊猫等。这儿完整的生态环境，为人们提供了一个理想的天然实验室。贡嘎山挺拔险峻的山姿，为许多探险家、地理学家和登山爱好者所向往。1957年6月13日，中华全国总工会登山队6名运动员登上了它的顶峰，开创了我国男子登山的新纪录。参加这次爬山的还有年轻的科学工作者，对贡嘎山的地质、地貌、冰川等都进行了考察，获得了许多有价值的资料。邮票画面为4名运动员正在攀登冰陡坡，依靠集体力量征服大自然的情景。

图5-2【登上慕士塔格峰】慕士塔格峰位于新疆维吾尔自治区帕米尔高原，是西昆仑山脉的著名高峰。顶部是厚度达一二百米的冰盖，共有16条冰川，沿着山谷往下延伸，其中东坡只有一条冰川，名叫"东可可西里"冰川，长达21千米，冰川谷宽阔。西坡有15条大小不等的冰川，都直接发源于山顶的冰盖，其间最长的扬布拉克冰川长达20千米左右，最短的冰川只有1至2千米。这里的冰川谷都比较狭窄，中间分布着不少布满裂缝的冰瀑布。这些冰川的总面积大约275平方千米，总储水量230亿立方米。山上冰天雪地，寸草不生，维吾尔族人民称其为"冰山之父"。这些冰川中，有4条长达十多千米的大冰川，把慕士塔格山均匀地分割成5个峰，最高的就是海拔7546米的慕士塔格主峰。在历史上，不少外国登山探险家跃跃欲试，但都没有成功。1956年7月31日，中苏联合登山队共31人首次登上慕士塔格峰。1959年7月7日，中国男女登山队共33人，又一次征服了这座高峰。这两个登山队上山的路线都是从西坡海拔4000米的营地出发，沿着冰川中间的山脊到达主峰的。在中国男女混合登山队中，有8名女队员，她们分别来自高等院校、地质系和西藏高原的藏胞，从而开创了我国女子登山的新纪元，打破了法国女子克·郭刚创造的7406米的女子登山高度的世界纪录，显示了中华人民共和国劳动妇女战天斗地的豪迈气概和坚强意志，在全世界面前，树立了中国女性的高大形象。邮票画面上形象而逼真地反映了攀登者在深雪中前进的情景。

图5-3【登上珠穆朗玛峰】该峰位于我国西藏定日县中国和尼泊尔边境处，海拔8848.13米，是喜马拉雅山的主峰，也是世界最高峰。尼泊尔称它为"萨迦—玛

塔"，藏胞称它为"珠穆郎玛"。中华人民共和国成立前，曾称它为"额菲尔士峰"或"埃佛勒斯峰"，那是在19世纪中叶，一位担任印度测量局长的英国人，自以为是该峰的发现者，遂以自己的名字命其名，并被欧美所采用。但早在这个英国人发现该峰之前135年的1717年，即我国清朝康熙五十六年，在编绘的《皇舆全览图》中，便已精确地

珠穆朗玛峰

标出该峰的位置，并称之为"朱母朗马阿林"。我国地理学家王鞠候，为了维护国家的尊严，在1951年的《开明少年》杂志2月号发表了《大小高低》一文，说明所谓"额菲尔士峰"应正名为"珠穆朗玛峰"。此文引起了当时《人民日报》编辑胡仲持的注意，胡请王鞠候对考证材料再加以核实。王先生为此查阅大量资料，终于在故宫博物院查到了清朝测绘原图的翻拍照片，有力地证明了他的论点。不久，《人民日报》专题报道了王鞠候的观点和考证情况。

1952年5月8日，中央人民政府内务部和出版总署联合正式通报，把该峰正式命名为珠穆朗玛峰。由于其高其险，环境恶劣，气候多变，神秘莫测，科学界把它与南、北两极相提并论，称它为地球的"第三极"。从1921年到1938年间，曾有外国登山队先后7次试图从北坡登顶，但均以失败而告终。就是这样一条被他们称作"不可攀越的死亡路线"，却被中国登山运动员征服了。1960年5月25日凌晨4时20分，王富洲、贡布（藏族）、屈银华三人终于从北坡登上主峰，把五星红旗插上世界最高峰的极顶，创造了人类首次从北坡征服珠穆朗玛峰的奇迹，在国际上引起巨大轰动，使我国跃进到世界登山运动的先进行列。邮票画面上，珠穆朗玛峰形象逼真，队伍正在穿过参差不齐的冰塔林。冰塔林是珠峰特有的奇景。

图5-4【登上公格尔九别峰】公格尔山和公格尔九别峰，是相邻的一对姊妹峰，位于慕士塔格山的北面。公格尔山，又叫大公格尔。海拔7719米，它不仅是帕米尔高原的最高峰，也是整个昆仑山脉的最高峰。公格尔九别峰，也叫公格尔第二峰或小公格尔，海拔7595米。这两座山峰地形复杂，从海拔4900米直到山顶，大都是40°到70°覆盖冰雪的陡坡，密布纵横交错的冰裂缝，经常发生冰崩和雪崩，给

登山队带来许多危险和困难。公格尔两峰的顶部，也覆盖着巨大的冰层，而且冰层更厚，规模更大，从7700多米处一直覆盖到5500米左右的高度。这里有将近20条大山冰川，像一条条银蛇沿着山谷向四周伸延。每年有大量的冰川融水，滋润着帕米尔东部的高山草甸，为荒漠中的绿洲提供丰富的水源。1956年8月，中苏联合登山队首次登上公格尔九别峰。1961年6月17日，中国女子登山队的两名队员西绕和潘多也胜利地登上了这座山峰，从而把我国女队的登山成绩又提高了一步，再次创造了女子登山高度的世界纪录。邮票画面上，公格尔九别峰如银龙横卧，宿营在冰塔林中的队员们正在眺望主峰，选择前进的路线。这枚邮票表现了登山运动的探险性。

图5-5【登上希夏邦马峰】该峰又称高僧赞峰，位于西藏聂拉木县境内，在珠穆朗玛峰西北面，直线距离约100千米，海拔8012米，是喜马拉雅山中段北支的最高峰，和珠峰遥遥相望。地势险峻，气候恶劣，因此称为希夏帮马，在藏语中为"气候严寒，天气恶劣多变"之意。希夏帮马峰是喜马拉雅山现代冰川作用的中心之一，大大小小有几十条冰川。北坡最大的野博康加勒冰川，全长约14千米，其间冰塔林密布，在阳光照耀下，层次分明。北坡气温低，气候干燥，强劲的西北风吹来，寒风刺骨，但有不少平缓地带，大多是古冰川作用留下来的冰碛丘陵、平地和高冰碛台，杂草丛生，野兽出没，岩羊和野驴经常在这里奔跑。其间还有几个大小不等的湖泊，湖水中有成群的游鱼，天空中有结队的飞鸟，湖边常见鸟蛋，为登山者补充着食物来源。其南坡，则多峡谷急流，气候温暖湿润，高山杜鹃花一直生长到海拔4700米的地方。3500米以下，竹林成片，经常可以听到太阳鸟的歌唱和长尾叶猴的叫声，还可看到珍贵的喜马拉雅小熊猫。到60年代初，世界上14座8000米以上的高峰，人类已征服了13座，只剩下希夏帮马峰尚未踏上人类的足迹。对这座"神秘的山峰"，各国登山队均怀着很大的兴趣。1961年和1963年我国登山队先后组织3支侦察组从北坡登至海拔7160米的地方，详细考察了登顶路线。1964年5月2日，我国10名登山队员终于胜利登上了它的顶峰，从而，地球上海拔8000米以上的高峰，已全部被人类所征服。同时，也是登上8000米以上高峰人数最多的一次。在这次登山过程中，进行了大规模的科学考察，收集了大量的宝贵资料。1964年8月，在有四大洲科学家参加的北京科学讨论会上，他们报告了这次的考察成果，引起中外科学家的极大兴趣，并给予很高评价。邮票画面上，描绘了我国科学考察人员在希峰冰塔林中进行考察的情景。

# 纪念巴黎公社100周年

发行日期：1971.3.18

4-1

4-2

4-3

4-4

（编8-11）

| | | | |
|---|---|---|---|
| 4-1 | （8）巴黎公社的一面旗帜 | 4分 | 500万枚 |
| 4-2 | （9）巴黎无产阶级和其他劳动人民举行武装起义 | 8分 | 1500万枚 |

4-3 （10）巴黎公社宣告成立时情景　　　　　　　　　10分　　500万枚

4-4 （11）巴黎公社社员在国际广场上　　　　　　　　22分　　200万枚

邮票规格：（4-1、4-3）30 mm×40 mm；（4-2、4-4）40 mm×30 mm

齿孔度数：（4-1、4-3）11×11.5度、（4-2、4-4）11.5×11度

整张枚数：50枚

版　别：（4-1、4-4）影写版、（4-2、4-3）影雕版

设计者：张克让、吴建坤

雕刻者：孙鸿年、吴彭越

印刷厂：北京邮票厂

全套面值：0.44元

## 知识百花园

1871年3月18日，法国巴黎无产阶级发动武装起义，推翻了资产阶级统治，夺取了政权。3月26日，在国民自卫军中央委员会领导下，进行了公社选举。3月28日，巴黎公社委员会宣告成立，建立了世界历史上第一个无产阶级专政的政权。在资产阶级反动势力的血腥镇压下，巴黎公社虽然只存在短短72天，但是它在世界无产阶级革命的史册上，却具有极其重要的意义。1871年4月18日，马克思受第一国际委托，起草了关于巴黎公社的宣言。而在公社失败后仅仅两天，马克思便向第一国际总委员会宣读了他的著作《法兰西内战》，书中以极大的热情高度赞扬了巴黎公社英雄们惊天动地的革命创举和可歌可泣的斗争事迹。1971年3月18日，为纪念巴黎公社100周年，《人民日报》、《红旗》杂志、《解放军报》发表文章《无产阶级专政胜利万岁——纪念巴黎公社一百周年》，文章回顾和评述了巴黎公社英勇壮烈的革命斗争历史。交通运输部邮政总局为此发行了这套纪念邮票。

## 邮票解析

图4-1【巴黎公社的一面旗帜】邮票画面是依据一幅珍贵的黑白照片进行加工、着色设计的。公社成立后，在政治、经济、文化教育等方面奇迹般地改变了巴黎的面貌，使人民真正获得了自由。公社的第一道命令就是废除资产阶级常备

军，用人民的武装，即国民自卫军取而代之。邮票上的这面旗帜上用法文写着："法兰西共和国，巴黎公社第9团117营"，旗杆上方是巴黎公社时流行的红色腓尼基帽，用它象征着自由解放。整个画面表达了巴黎公社是世界无产阶级革命的旗帜之含义。

图4-2【巴黎无产阶级和其他劳动人民举行武装起义】邮票画面是依据一幅珍贵的历史图画进行设计的。1871年3月，在失业、贫困、饥饿煎熬中的巴黎无产阶级革命力量迅速壮大。为了扑灭革命的烈火，3月17日夜，法国资产阶级政府偷偷派遣反动军队袭击巴黎工人区。巴黎无产阶级奋起反抗，毅然举行了武装起义。他们英勇作战，前仆后继，打退了资产阶级的进攻，处死反动军官，控制了邮局和车站，占领了巴黎市政厅。3月18日，巴黎无产阶级武装起义宣告胜利。邮票上勇敢冲杀，短兵相接的场面，显示了巴黎无产阶级的英雄气概和大无畏的革命精神。

图4-3【巴黎公社宣告成立时情景】邮票画面与1961年3月18日发行的纪85《巴黎公社九十周年》的第二图都是依据同一张历史画而进行设计的。公社经武装夺取政权并于3月26日进行民主选举后，于1871年3月28日在巴黎市政厅举行了巴黎公社成立典礼。邮票上红旗飘飘，人声鼎沸，20多万公社社员和人民群众正在欢呼巴黎公社的诞生。

图4-4【巴黎公社社员在国际广场上】邮票画面是依据一幅珍贵的巴黎公社社员在捣毁凯旋柱后的合影照片而进行设计的。1871年5月16日，根据公社4月12日通告的法令，拆除了竖立在旺多姆广场上由拿破仑在1809年战争中夺取敌方的1200门大炮熔化铸造的象征着沙文主义的"凯旋柱"，并将广场更名为国际广场，以象征巴黎公社崇高的平等友爱的国际主义原则。邮票上即为公社社员在凯旋柱残骸旁的合影，从一个侧面表现了世界上第一个无产阶级政权的性质和纲领。

巴黎风光

# 庆祝中国共产党成立五十周年

发行日期：1971.7.1

（编12-20）

| | | | |
|---|---|---|---|
| 7-1 | （12）中国共产党第一次代表大会会址 | 4分 | 1700万枚 |
| 7-2 | （13）广州农民运动讲习所 | 4分 | 1700万枚 |
| 7-3 | （14）井冈山 | 8分 | 2250万枚 |
| 7-4 | （15）遵义会议会址 | 8分 | 2250万枚 |
| 7-5 | （16）延安 | 8分 | 2250万枚 |
| 7-6 | （17）天安门 | 22分 | 320万枚 |
| 7-7 | （18、19、20）奋勇前进（3枚横式联印） | 均为8分 | 各2250万枚 |

邮票规格：（7-1至7-6）52 mm×31 mm、（7-7）31 mm×52 mm

齿孔度数：11.5度

整张枚数：（7-1至7-6）40枚、（7-7）36枚

版　　别：影写版

设计者：许彦博、张克让

印刷厂：北京邮票厂

全套面值：0.78元

## 知识百花园

　　为庆祝中国共产党成立50周年，交通运输部邮政总局发行了这套纪念邮票。1971已是"文革"中期。因此，这套邮票除重点表现革命纪念地之外，还要突出以工农兵为主的"全国各族人民高举毛泽东思想伟大红旗奋勇前进"的场面。其中，革命纪念地共6枚，由许彦博设计，图案特点为红底金字，以象征建党五十周年的喜庆、热烈。而其余3枚，由张克让设计，采取三连张形式，运用大量图解手法，以表现"高举毛泽东思想伟大红旗"的主题。另外，这3枚连票从图案内容和设计形式上看，与前6枚（即编12-17）截然不同，实际上是不同的两套（两组）邮票，只是为庆祝建党50周年的同一个目的而发行。

图7-1【中国共产党第一次代表大会会址】此建筑为中共"一大"代表李汉俊之兄、同情革命的李书城之寓所。当时为上海法租界贝勒路树德里3号，后改为望志路106号，现为兴业路76号。1921年7月23日，中共"一大"在这里开幕。5天后，会议移到了嘉兴南湖的一条游船上，胜利结束了这次历史性会议。

图7-2【广州农民运动讲习所】1924年1月，国民党"一大"之后，第一次国共合作迅速形成。在这种形势下，全国的农民运动得到了积极发展。同年7月，国民党农民部委派担任该部秘书的中共党员彭湃去广州开办农民运动讲习所，以为农民运动培养干部。至1926年10月止，讲习所共举办六期，毕业学员796人。主要学习有关农民运动的各项课程，还进行军事训练，参加农村实习活动等。第一、二期所址在广州市越秀南路惠州会馆，三至五期在广州东皋大道原1号。这几期的主任分别为彭湃、阮啸仙、谭植棠、罗绮园。第六期所址迁至广州番禺学宫（即邮票上的建筑物，现已改为中山四路），并改主任为所长，由毛泽东担任，萧楚女任教务长，教员有周恩来、恽代英、彭湃、阮啸仙、赵自选、张秋人、周其鉴、安体诚等。毛泽东的办公室在东耳房，西耳房为图书室，大成殿辟为教室，后面的崇圣殿做膳堂，东侧房为军事训练部，东西两屋为学员宿舍，门前增加木岗亭。该所址现已辟为纪念馆，以供瞻仰参观。

图7-3【井冈山】位于江西、湖南两省边界，罗霄山脉中段，逶迤连绵八百余里。1927年10月，毛泽东率领秋收起义部队到达井冈山，创建了中国第一个农村革命根据地，为中国革命开辟了一条以农村包围城市，最后武装夺取政权的正确道路。

图7-4【遵义会议会址】该建筑物位于贵州省遵义市老城子尹路。1935年1月15日至17日，红军在长征途中，中共中央在这里召开了政治局扩大会议，确立了毛泽东在中央的领导地位。这次会议是在极端危险的关头召开的，挽救了中国共产党和红军，是革命成败的转折点。

图7-5【延安】位于陕西省北部，延河中游，其标志性建筑物为延河之畔的宝塔山。红军长征到达陕北后，从1937年1月至1947年3月，历时10年，延安一直是中共中央所在地，成为当时中国革命的中心。

**图7-6【天安门】**位于北京市区中心，原为中国明、清两代皇城的正门。它是中国五四运动的发源地。1949年10月1日，毛泽东在此宣告了中华人民共和国成立。天安门是中华人民共和国的象征，为全世界所瞩目。

　　**图7-7【奋勇前进】**画面分别以工厂、人民大会堂和农田为背景，描绘了工农兵和全国各族人民正沿着毛泽东指引的方向奋勇前进。

遵义会议会址

# 庆祝阿尔巴尼亚劳动党
# 成立30周年

发行日期：1971.11.8

（编25-28）

4-1 （25）阿尔巴尼亚人民的伟大领袖霍查同志像　　8分　　450万枚

4-2 （26）阿尔巴尼亚劳动党建党纪念馆　　　　　　8分　　1750万枚

4-3 （27）一手拿镐，一手拿枪　　　　　　　　　　8分　　1750万枚

4-4　（28）阿尔巴尼亚神圣领土不容侵犯　　　　　52分　　125万枚

邮票规格：（4-1至4-3）30 mm×40 mm、（4-4）40 mm×30 mm
齿孔度数：（4-1至4-3）11.5×11度、（4-4）11×11.5度
整张枚数：50枚
版　　别：影写版
设计者：张克让
印刷厂：北京邮票厂
全套面值：0.76元

## 知识百花园

　　1941年11月8日，阿尔巴尼亚共产党成立。1948年11月举行"一大"，阿尔巴尼亚共产党改名为阿尔巴尼亚劳动党，并通过了党章和1949年至1950年发展国民经济和文化的两年计划。1952年3月和1956年5月，又先后举行了"二大"和"三大"，相继通过了第一个五年计划（1951～1955年）和第二个五年计划（1956～1960年）。1960年，开除了勾结苏修进行反党活动的中央政治局委员贝利绍娃。1961年2月，举行"四大"，通过了第三个五年计划（1961～1965年）。大会高举马列主义旗帜，反对现代修正主义。大会完全赞成阿尔巴尼亚劳动党代表团在1960年莫斯科会议上的立场，决不向苏修大国沙文主义屈服。1966年11月举行"五大"，霍查在报告中强调，在社会主义社会，阶级斗争"是针对政权被推翻和财产被没收了的剥削阶级的残余的"，"这个斗争也反对新资产阶级分子，蜕化变质的、修正主义的和反党的分子"。大会通过了第四个五年计划（1966～1970年），提出"增加粮食产量是农业和整个国民经济的基本任务"。1971年11月，举行六大，霍查在大会上说："要深入开展思想文化领域内的社会主义革命……不断地加强党，不断地使党革命化。"会上通过了第五个五年计划（1971～1975年）。截至1971年10月1日，阿尔巴尼亚劳动党共有党员86985名，其中女党员占22.05%。1949年11月23日中阿两国建交。1954年8月，两国互派大使。中阿建交以来，互派了很多代表团进行友好访问。

认识邮票中的民俗与节日

121

图4-1【阿尔巴尼亚人民的伟大领袖霍查同志像】邮票画面描绘了霍查正在阿尔巴尼亚劳动党的会议上进行讲话。但就在这套邮票发行之际，中阿两党和两国关系已经出现了某种问题。当时美国国务卿基辛格来到中国开始对话。1972年2月尼克松访问中国，实现了中美关系的正常化。对此，霍查认为，中国同美国合作是一种"反革命转变"。后来两党两国的关系更进一步恶化。

图4-2【阿尔巴尼亚劳动党建党纪念馆】阿尔巴尼亚长期遭受土耳其的殖民统治，又相继在意大利和德国法西斯的铁蹄下艰难地生存。英雄的阿尔巴尼亚人民从来没有停止过反抗和斗争。在白色恐怖下，终于迎来了阿尔巴尼亚共产党的诞生，从而，使争取民族解放和国家独立的斗争进入了新阶段，并留下了许多革命遗迹。邮票画面上的建党纪念馆就是其中之一。纪念馆是一幢掩映在树丛中的两层简朴小楼，它位于阿尔巴尼亚首都地拉那市区东北角一条古老的小巷里。院门旁边的墙壁上镶嵌着一块大理石，上面写着"阿尔巴尼亚共产党成立纪念馆"，又称之为"党之家"。

图4-3【一手拿镐，一手拿枪】阿尔巴尼亚新中国成立前是欧洲最落后最贫穷的国家之一。战前1938年，工业产值在工农业总产值中仅占8%。新中国成立后，在劳动党提出的"一手拿镐，一手拿枪，建设社会主义"方针指引下，迅速恢复了经济，经过四个五年计划的建设，到1970年，工业产值已占工农业总产值的57%，发展成为"用现代化机器装备起来的工业"和"发达的社会主义农业"的国家。同时，要使全国的武装部队"成为革命和无产阶级专政的一支自觉的军队"，并要"坚定地沿着全民皆兵的道路前进"。邮票画面即用一支枪和一把镐做旗杆，飘扬着一面阿尔巴尼亚的国旗。

图4-4【阿尔巴尼亚神圣领土不容侵犯】1943年7月10日，阿尔巴尼亚人民在抗击意、德法西斯侵略的斗争中，正式成立了民族解放军，后改为人民军。1969年11月，在庆祝阿尔巴尼亚解放25周年大会上霍查说："党和政府不仅用最现代化的武器武装军队，而且无论是过去和现在都首先特别关心从思想、政治方面锻炼他们。"邮票画面即描绘了人民军战士和男女民兵并肩巡视的情景。

# 纪念《在延安文艺座谈会上的讲话》发表三十周年

发行日期：1972.5.23

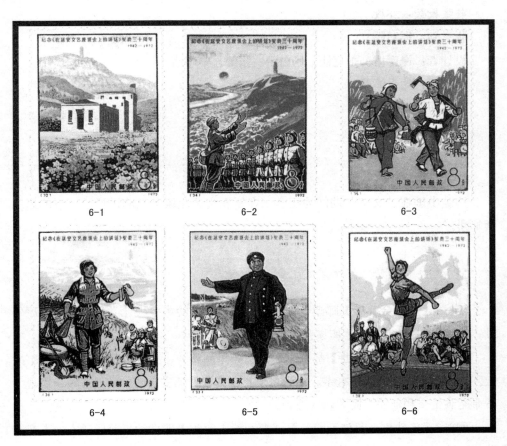

6-1　　　　6-2　　　　6-3

6-4　　　　6-5　　　　6-6

（编33-38）

| 6-1 | （33） | 座谈会会址 | 8分 | 100万枚 |
| 6-2 | （34） | 高唱革命歌曲 | 8分 | 700万枚 |
| 6-3 | （35） | 街头剧《兄妹开荒》 | 8分 | 700万枚 |
| 6-4 | （36） | 文艺工作者深入工农兵，边劳动，边宣传 | 8分 | 700万枚 |
| 6-5 | （37） | 深入农村为贫下中农演出《红灯记》 | 8分 | 700万枚 |
| 6-6 | （38） | 深入工厂、矿山为工人演出《红色娘子军》 | 8分 | 700万枚 |

邮票规格：40 mm × 54 mm

齿孔度数：11度

整张枚数：28枚

版　　别：影写版

设计者：许彦博、张克让、杨白子、张源、李印清

印刷厂：北京邮票厂

全套面值：0.48元

## 知识百花园

这是中国在"文革"期间为纪念《在延安文艺座谈会上的讲话》发行的第二套邮票。

## 邮票解析

图6-1【座谈会会址】邮票画面主图为延安杨家岭中央大礼堂和中央办公厅外景。1942年5月，延安文艺座谈会在这里召开。

图6-2【高唱革命歌曲】邮票画面主图为排列整齐，正在进行合唱的八路军战士。他们引吭高歌，声震寰宇。沐浴在旭日霞光里的延安宝塔山分外巍峨，表现了革命充满希望和延安军民的朝气蓬勃。

图6-3【街头剧《兄妹开荒》】邮票画面主图为表现1942年前后延安大生产运动的秧歌剧《兄妹开荒》的演出场面。该剧原为延安鲁艺在1943年新年期间组织演出的节目之一《拥军花鼓》。后由王大化扮演哥哥，李波扮演妹妹，路由执笔，安

波谱曲，改为街头秧歌剧《王小二开荒》。由于紧密结合了当年的生活实际，深受群众欢迎，延安军民亲切称之为《兄妹开荒》。该剧演遍了延安，鼓舞了广大军民的生产积极性。

图6-4【文艺工作者深入工农兵，边劳动，边宣传】邮票画面主图为当年八路军女战士在田间表演快板书的情景。快板属曲艺的一种，又叫"顺口溜""数来宝"，流行于全国各地。它一般不用布景，只需一人或几人演出，道具也极简单。表演者往往自击竹板，掌握节奏，并以较快速率念诵唱词，形式灵活，用来叙事、说理或抒情反映生活，具有浓郁的乡土气息。

图6-5【深入农村为贫下中农演出《红灯记》】邮票画面主图为现代京剧《红灯记》中主人公李玉和的形象。背景为禾苗青青的庄稼地。

图6-6【深入工厂、矿山为工人演出《红色娘子军》】邮票画面主图为芭蕾舞剧《红色娘子军》中主角吴清华的形象。背景为高耸的炼铁熔炉。

延安杨家岭中央大礼堂

# 万国邮政联盟
# 成立一百周年纪念

发行日期：1974.5.15

3-1

3-2

3-3

（J1）

3-1  人民邮递员　　　　　8分　1000万枚

3-2  团结和友谊　　　　　8分　1000万枚

3-3  万里长城　　　　　　8分　1000万枚

邮票规格：60 mm × 27 mm

齿孔度数：11度

整张枚数：35枚

版　别：影写版

设计者：杨白子、叶武林、邓锡清

印刷厂：北京邮票厂

全套面值：0.24元

我国邮电部发行的这套纪念邮票，3幅图案上均绘有万国邮联的徽志，以示其独特的纪念意义。

图3-1【人民邮递员】邮递员被称为"绿衣使者"，其发生发展有着悠久的历史。他把各类信函邮件送到千家万户、诸多单位企业，以传递信息，沟通音讯，解除人们的盼望和悬念，备受社会的重视和人们的欢迎。邮票画面描绘了一位身着绿装、肩挎邮包、车载邮袋的邮递员，正驾驶着摩托车奔驰在熟悉的邮路上的情景。背景为祖国广袤的土地，壮丽的山河，寓意着邮政无处不在，前景广阔；摩托车传邮，代表着当代中国邮政的机械化水平；邮袋中露出的《人民日报》《红旗》杂志，这正是我国众多报刊的代表类别。

图3-2【团结和友谊】万国邮联作为国际性的邮政组织，冲破了国界，打破了地域限制，密切了国际间的联系，把世界各国人民连在一起，发挥了重要作用。邮票画面描绘了5位不同国籍、不同肤色的人物，面带微笑，亲密无间，充满善意和友爱，寓意着五大洲的人民密切交往的情景。

图3-3【万里长城】万里长城是人间奇迹，是中华民族的象征。邮票画面描绘了绵延盘旋于崇山峻岭间万里长城的雄姿，虽然不见烽火台的滚滚狼烟，但可以使人想象到古代那长城边塞烽火报警的情景。图案表达了我国通信事业的古老和悠久，体现了中国在世界邮政史上的重要地位和作用。

认识邮票中的民俗与节日

# 中华人民共和国成立二十五周年（第一组）

发行日期：1974.10.1

1-1

（J2）

1-1 团结起来，争取更大胜利　　8分　　500万枚

邮票规格：60 mm×40 mm

齿孔度数：11.5度

整张枚数：25枚

版　别：影写版

设计者：卢天骄

印刷厂：北京邮票厂

全套面值：0.08元

## 知识百花园

中华人民共和国成立25年来，我国发生了翻天覆地的变化，当家做主的亿万人民用自己的双手和智慧，把满目疮痍的旧中国逐步建设成为日益繁荣富强的中华人民共和国。但是，"文化大革命"的爆发，却使中国的发展出现了一种停滞的状况。"打倒一切、全面内战"，使全国经济陷入混乱，国民经济发生了逆转，呈明显下降的态势。1969年至1973年，由于党和人民的艰苦努力，经济建设从困境中逐步得到回升。

邮票画面以工农商学兵为主体，簇拥着一幅巨大的横标，在巨型国徽的辉映下，共同前进的场面。横标上书"团结起来，争取更大的胜利"，这是毛泽东在1969年4月1日中国共产党第九次全国代表大会开幕式上提出的号召。而画面主体的上空两侧，又有无数彩色气球飘在空中，烘托出节日的气氛和欢庆的情景。

# 中华人民共和国成立二十五周年（第二组）

发行日期：1974.10.1

（J3）

3-1 工业学大庆　　　　　8分　　　500万枚

3-2 农业学大寨　　　　　8分　　　500万枚

3-3 神圣领土不容侵犯　　8分　　　500万枚

邮票规格：30 mm × 40 mm

齿孔度数：11.5 × 11度

整张枚数：50枚（3枚横式联印）

版　别：影写版

设计者：叶武林、万维生、杨白子

印刷厂：北京邮票厂

全套面值：0.24元

工农兵是我国社会成员的主体，工业、农业和国防也是我国诸多行业的主流。这套庆祝中华人民共和国成立25周年第2组纪念邮票，即以他们的形象来反映。采取3枚连印，也包含着工农兵不可分割、本为一体的意义。

邮票解析

图3-1【工业学大庆】这是毛泽东在1964年向中国工业战线发出的号召，"文革"后期，中国各行各业均广泛开展了学大庆活动。邮票画面为一位钢铁工人站在炼钢炉前，在钢花飞溅下，其粗壮的臂膀，雄健的身姿，乐观的情绪，表现出了中国工人阶级的品质。在远景处，为高高的吊车，林立的钻塔和准备下海的轮船，表现了我国冶金、建筑、石油、造船等工业战线全面学大庆的情景。

图3-2【农业学大寨】这是毛泽东在1964年向中国农业战线发出的号召，"文革"后期，学大寨成为一项普遍的群众运动，在中国农村及各行各业兴起。邮票画面为一位农村女社员，在丰收的场院里，正为灌满粮食的麻袋扎口的情景。背景为丰收的大地，机器正在脱粒，社员打谷正忙，红旗遍布田野，说明了学大寨的普及，也象征着农业的丰收。

图3-3【神圣领土不容侵犯】没有强大的军队和国防，便没有国家的独立和昌盛，也没有人民的幸福和安宁。邮票画面为一位威武雄壮的解放军战士，紧握手中枪，目光炯炯，捍卫着祖国的神圣领土和主权。蓝天上，战机掠过长空；大海里，军舰编队航行，且有渔船点点，表现了民兵的作用。

# 阿尔巴尼亚解放三十周年

发行日期：1974.11.29

2-1          2-2

（J4）

2-1  胜利的游击队员纪念碑        8分        300万枚

2-2  一手拿镐，一手拿枪          8分        300万枚

邮票规格：30 mm × 40 mm

齿孔度数：11.5 × 11度

整张枚数：50枚

版　　别：影写版

设计者：孙传哲、陈晓聪

印刷厂：北京邮票厂

全套面值：0.16元

1944年11月29日，阿尔巴尼亚人民在共产党的领导下，经过顽强不屈的浴血奋战，做出了巨大的努力和牺牲，终于战胜了德、意法西斯侵略者，解放了全部国土，在中国进行"文化大革命"期间，阿尔巴尼亚是社会主义国家中一直与中国保持着友好关系的"海内知己"。这也正是这套纪念邮票发行的主要背景。

## 邮票解析

图2-1【胜利的游击队员纪念碑】阿尔巴尼亚人民，为了民族的独立和解放，进行了长达几个世纪的浴血斗争。1943年9月，打败了意大利法西斯侵略者。1944年11月29日，解放了德寇占据的最后一座城市——斯库台，赢得了最后胜利。为了纪念为民族解放而英勇献身的游击队员，在地拉那市南郊的沙乌库山冈上，耸立起一座巨大的阿尔巴尼亚"胜利的游击队员"纪念碑，让为国捐躯的英灵常在，供后人长久的怀念和瞻仰。邮票画面即是这座纪念碑体。

图2-2【一手拿镐，一手拿枪】解放前，阿尔巴尼亚是个被法西斯蹂躏的落后的农业国，几乎没有现代工业，美、英、法、意等外国资本控制了它的全部经济命脉，土地集中在地主手中，人民生活极端贫困。解放后，在阿尔巴尼亚劳动党（原称"共产党"）领导下，提出了"一手拿镐，一手拿枪"的建国方针，在保卫国家安宁的情况下，奋力进行经济建设，大力发展工农业生产，增加社会财富，增强国家实力，提高人民生活水平，取得了显著成果。邮票画面为身着民族服装的男女公民"一手拿镐，一手拿枪"的形象。

# 中华人民共和国第四届全国人民代表大会

发行日期：1975.1.25

3-1

3-2

3-3

（J5）

| 3-1 | 全国各族人民大团结 | 8分 | 450万枚 |
| --- | --- | --- | --- |
| 3-2 | 新宪法诞生 | 8分 | 450万枚 |
| 3-3 | 夺取新的胜利 | 8分 | 450万枚 |

邮票规格：58 mm × 31 mm

齿孔度数：11.5度

整张枚数：30枚

版　别：影写版

设计者：万维生、叶武林、邹建军、孙传哲

印刷厂：北京邮票厂

全套面值：0.24元

## 知识百花园

　　1975年1月13日至17日，第四届全国人民代表大会第一次会议在北京召开。出席大会的代表共2864人。大会议程：（1）修改宪法；（2）审议政府工作报告；（3）选举和任命国家领导工作人员。朱德主持大会，张春桥代表中共中央作《关于修改宪法的报告》，周恩来带病代表国务院作《政府工作报告》。报告重申了1965年三届人大提出的发展我国国民经济的战略构想，第一步在1980年以前，建成一个独立的比较完整的工业体系和国民经济体系；第二步在20世纪内，全面实现农业、工业、国防和科学技术的现代化，使我国国民经济走在世界前列。报告指出，今后十年是实现这两步设想的关键十年，据此，国务院将分别制定十年规划、五年计划和年度计划。大会通过了宪法，批准了政府工作报告。四届人大的召开，是中国共产党和毛泽东在"文化大革命"八年动乱之后，为了稳定政治局势，使国家的政治经济生活逐步走上正常轨道所做的一次努力。这次大会，在组织上挫败了"四人帮"组阁的阴谋，确定了周恩来、邓小平为核心的国务院领导机构。会后的2月1日，周恩来在国务院会议上宣布：国务院工作以邓小平为首，其他11位副总理协助。周恩来病重住院，邓小平主持中央日常工作，并代周恩来主持国务院会议。

## 邮票解析

　　图3-1【全国各族人民大团结】为全国各族人民代表，齐聚人民大会堂，出席四届人大的场面，体现出人民渴求安定的愿望。

　　图3-2【新宪法诞生】这部宪法是中华人民共和国的第二部宪法。在四届人大会议上，张春桥代表中共中央，作《关于修改宪法的报告》，把第一部宪法的106条缩减为30条，把本来应由宪法规定的大量内容都删掉了，是一部很不完善的宪法。但在这部宪法中，却突出肯定了"文化大革命"，并为这场政治运动提供了理论和法律依据，适应了当时的政治气候。邮票画面为这部宪法的版本。

　　图3-3【夺取新的胜利】四届人大重申"在本世纪内，全面实现农业、工业、国防和科学技术的现代化，使我国国民经济走在世界前列"的宏伟目标，重申"以农业为基础，以工业为主导"等一系列经济建设的方针，使全国人民在历经长达八年的动乱中，看到了一线希望，受到鼓舞，为之振奋。邮票画面为工农兵高举红旗并肩前进，去夺取胜利的情景。在红旗如海中，有"工业学大庆""农业学大寨""抓革命，促生产，促工作，促战备""把批林批孔运动普及、深入、持久地进行下去"等口号。

人民大会堂

# 胜利完成第四个五年计划

发行日期：（16-1至16-5）**1976.2.20**、（16-6至16-10）**1976.4.9**、（16-11至16-16）**1976.6.12**

16-1   16-2

16-3   16-4

16-5   16-6

16-7   16-8

认识邮票中的民俗与节日

16-9　　　　　　　16-10

16-11　　　　　　　16-12

16-13　　　　　　　16-14

16-15　　　　　　　16-16

（J8）

| 16-1 农田 | 8分 | 800万枚 |
|---|---|---|
| 16-2 灌渠 | 8分 | 800万枚 |
| 16-3 小化肥 | 8分 | 800万枚 |
| 16-4 纺织 | 8分 | 800万枚 |
| 16-5 钢铁 | 8分 | 800万枚 |
| 16-6 煤炭 | 8分 | 800万枚 |
| 16-7 水电 | 8分 | 800万枚 |
| 16-8 造船 | 8分 | 800万枚 |
| 16-9 石油 | 8分 | 800万枚 |

| | | | |
|---|---|---|---|
| 16-10 | 油港 | 8分 | 800万枚 |
| 16-11 | 铁路 | 8分 | 800万枚 |
| 16-12 | 科研 | 8分 | 800万枚 |
| 16-13 | 牧区小学 | 8分 | 800万枚 |
| 16-14 | 公社卫生院 | 8分 | 800万枚 |
| 16-15 | 职工宿舍 | 8分 | 800万枚 |
| 16-16 | 商业 | 8分 | 800万枚 |

邮票规格：52 mm × 31 mm

齿孔度数：11.5度

整张枚数：40枚

版　别：影写版

设计者：许彦博、陈晓聪、张克让、杨白子

印刷厂：北京邮票厂

全套面值：1.28元

知识百花园

　　1970年2月全国计划会议提出的《第四个五年（1971～1975）国民经济计划纲要草案》，定于同年9月提交九届二中全会讨论。但作为参考文件印发。其后，《纲要草案》与1971年国民经济计划主要指标一起，以中共中央名义下达各地贯彻执行。当时，由于对国际形势、战争危险估计得过于严重，因此，确定了第四个五个计划纲要的指导思想是：以阶级斗争为纲，狠抓战备，以促进国民经济的新飞跃。"要与帝修反争时间，抢速度"，"集中力量建设大三线战略后方，建立不同水平，各有特点，各自为战，大力协同的经济协作区，初步建成我国独立的、比较完整的工业体系和国民经济体系。"为此，《纲要》规定，到1975年要达到：粮食6000亿～6500亿斤，比1970年增长30%～41%；棉花6500万～7000万担，比1970年增长25%～35%；钢3500万～4000万吨，比1970年增长106%～135%；原煤4.0亿～4.3亿吨，比1970年增长25%～34%；原油0.7亿～1.0亿吨，比1970年增长133%～233%；此外，电力、轻工业等部门也先后提出到1975年产量翻一番的高指标，燃料工业部也提出"大干一年，扭转北煤南运"的口号。显然，这是一个以战备为中心，急于求成的"左"倾冒进计划。

为实现《纲要》中的各项指标，在1970年12月至1971年2月19日举行的全国计划会议上，制定了1971年年度计划，实行基建投资、物资分配，财政收支的大包干，扩大地方权限。结果，由于发展经济计划的过高过急，管理过于分散，使中国国民经济出现了四个突破，即职工人数突破5000万人，工资总额突破300亿元，粮食销售突破800亿斤，相继而来，就是货币发行量的突破。周恩来指出："票子发多了，到了最大警戒线，三个突破不如这一个突破。"主持中央日常工作的周恩来即着手解决这些问题，调整高指标，放慢建设速度，减少基建投资，控制基建规模，积极解决粮食购销的差额问题，使1973年的经济形势明显好转。全国粮食收购968亿斤，销售956亿斤，做到了购销平衡，全民所有制职工增长速度大大下降，工资总额得到稳定，几大突破问题初步得到解决。直到1975年邓小平主持中央日常工作，在周恩来等老一辈革命家的支持下，大抓整顿，经济形势才逐渐趋于好转，到1975年年底，"四五"计划按照1972年调整后的《修正草案》，工农业总产值完成计划的101.7%，其中农业总产值完成104.5%，工业总产值完成100.6%，列入计划的主要经济指标，除钢铁外，绝大部分接近或超额完成。5年间，有724个大中型项目全部建成投产。

这套邮票以16幅不同画面展示"四五"计划的执行情况。

## 邮票解析

**图16-1【农田】**邮票画面为俯瞰的农田图景，麦浪滚滚，两台联合收割机正在运作，表现"四五"期间粮食的丰收。

**图16-2【灌渠】**邮票画面为湖南韶山灌区北干渠"飞连灌万顷"钢筋混凝土拱式渡槽。该灌区于1965年7月1日动工，1967年竣工完成。

**图16-3【小化肥】**地方兴办的小化肥厂，设备简单，厂房简陋，规模小，投资少，在一定时期内可以作为国家大化肥厂的补充。但从长远看，它缺乏检测手段，技术指标可靠性差，对环境污染严重，不宜大力发展，现有的也要切实加强管理。邮票画面为地处乡间的小化肥厂产品出厂的情景。

**图16-4【纺织】**邮票画面以精纺机为背景，纺织女工在展示织出的花布。

图16-5【钢铁】邮票画面展示了我国钢铁联合企业高炉正在生产的场面，象征着钢铁业的沸腾。

图16-6【煤炭】"四五"期间，我国煤炭工业新建了不少煤矿，如河南新密矿务局芦沟煤矿于1972年12月26日建成投产；山西汾西矿务局高阳煤矿于1973年6月23日建成投产；1975年10月5日，我国西南地区的重要煤炭基地——四川宝鼎矿区建成等等。邮票画面描绘了煤矿生产和运输的繁忙景象，代表了煤炭工业的新成就。

图16-7【水电】"四五"期间，我国先后建成一批水电站，如1974年7月15日，建成了湖北黄龙滩水电站，它是综合开发汉江流域的重点工程之一。1974年9月12日，我国在黑龙江哈尔滨制造成功一台30万千瓦水轮发电机组，是我国当时单机容量最大的水轮机组。邮票画面为甘肃省永靖县刘家峡水电站拦河大坝和220kV送兰州输线铁塔。这个水电站于1964年动工，1975年2月4日建成，它以黄河水为动力，年发电量达57亿度，是当时我国最大的一座水电站。

图16-8【造船】"四五"期间，我国造船业有了较大发展。如1971年6月27日，我国第一艘2.5万吨级货轮"长风"号由上海江南造船厂建成下水。1974年3月30日，我国第一艘2.5万吨级浮船坞"黄山"号在上海建成；7月5日，天津新河船厂又建成了我国第一艘大型起重船（500吨浮吊）；12月30日，我国自行设计制造的第一艘海洋地质勘探浮船"勘探一号"，首次出海试钻成功等。邮票画面为一艘新建造的巨型货轮下水的欢腾场面，右侧尚有一艘在建的货轮。

图16-9【石油】我国石油继大庆石油会战之后，"四五"期间，又有了很大发展。70年代初期，在东北相继开发了吉林油田和辽河油田。1974年5月。在华北东部滨海地区建成了大港油田，12月建成了大庆至秦皇岛长达1152千米的地下输油管线。1975年7月，秦皇岛至北京的输油管道顺利建成，从而以大庆为起点的全长1507千米的大口径输油线直通北京。邮票画面为我国1974年9月建成的渤海湾地区的胜利油田。

图16-10【油港】随着我国石油的大量开采，油港建设极为迫切和重要。"四五"期间，至1976年相继建成了我国第一座现代化的10万吨级深水油港——大连新港和另一座现代化深水油港——青岛港务局黄岛港，为我国的石油运输发挥了重要作用。邮票画面即为现代化油港的宏伟场面，巨型输油管道正在向靠港的油轮

输油。

图16-11【铁路】"四五"期间，加快了我国铁路建设，如1972年1月30日，全线长90多千米的杭（杭州）湖（湖州）铁路建成通车；10月13日，长达900多千米的湘（湖南株洲）黔（贵州贵阳）铁路建成通车。1975年7月1日，我国第一条电气化铁路——全长676千米的宝成铁路建成通车。同年12月24日，焦（焦作）枝（枝城）铁路建成通车，全长753.3千米。邮票画面为成昆铁路南端铁路线架设的墩式高架桥，这条铁路在"四五"之前的1970年7月1日即已建成通车，全长1085千米。

图16-12【科研】"四五"期间，我国在科研方面取得了一些重要成果，如对人工胰岛素的研究，我国科学工作者早在1965年9月17日，经过长达6年零9个月的研究，在世界上第一次用人工的方法合成了结晶胰岛素，在全球引起强烈反响。邮票画面即在黑色背景上，展示了1.8埃分辨率的胰岛素晶体结构模型。1971年9月26日，我国科学工作者又成功地用X光衍射法完成了分辨率为2.5埃的猪胰岛素晶体结构的测定工作，这项成果达到了世界先进水平。

图16-13【牧区小学】在"文化大革命"中，教育是重灾区，红卫兵，造反有理大串联，离开课堂闹革命。到后来，上山下乡，读书无用，使亿万青少年深受其害。"四五"期间，邓小平同志主持中央工作期间，经过全面整顿，使教育有了一定收效。邮票画面为一所藏族牧民小学正在上课的场面。

图16-14【公社卫生院】在我国，卫生院是县或人民公社设立的一种卫生医疗机构，其主要负责所在地区医疗卫生工作。邮票画面为山区公社卫生院为社员服务的情景。

图16-15【职工宿舍】"四五"期间，修建了一批职工宿舍，邮票画面即为成排的职工宿舍楼群。

图16-16【商业】邮票画面为百货商店的橱窗外观，象征"四五"期间我国商业的发展。